जैक मा के प्रेरक विचार

महेश दत्त शर्मा

प्रभात पेपरबैक्स
www.prabhatbooks.com

प्रकाशक

प्रभात पेपरबैक्स

प्रभात प्रकाशन प्रा. लि. का उपक्रम

4/19 आसफ अली रोड, नई दिल्ली–110002

फोन : 23289777 • हेल्पलाइन नं. : 7827007777

इ–मेल : prabhatbooks@gmail.com ❖ वेब ठिकाना : www.prabhatbooks.com

संस्करण

प्रथम, 2021

मूल्य

दो सौ रुपए

मुद्रक

आर–टेक ऑफसेट प्रिंटर्स, दिल्ली

★

JACK MA KE PRERAK VICHAR
by Shri Mahesh Dutt Sharma

Published by **PRABHAT PAPERBACKS**
An imprint of Prabhat Prakashan Pvt. Ltd.
4/19 Asaf Ali Road, New Delhi-110002

ISBN 978-93-90900-02-2

₹ 200.00

पुस्तक परिचय

'जिंदगी की यही रीत है, हार के बाद ही जीत है...'

यह गीत जैक मा के जीवन के उतार-चढ़ावों से शीर्ष तक पहुँचने की जीवन-गाथा पर सटीक बैठता है। 'मा युन' नाम का एक साधारण बालक कैसे अरबों डॉलर की कंपनी अलीबाबा डॉटकॉम का मालिक जैक मा बन गया, इसके पीछे की जिंदगी के कठोर धरातल पर लिखी कथा न केवल प्रेरणादायक है, बल्कि कैसे कण को पर्वताकार में परिवर्तित किया जा सकता है, यह सरल शब्दों में हमें बताती है और अपने लक्ष्य की ओर बढ़ने के लिए प्रेरित करती है।

जैक मा की अनावृत्त जीवन-गाथा केवल दिमागी ताकत पर भरोसा करती है। सफल होने के लिए जरूरी नहीं कि आपके पास ताकत और पैसा हो; इन सभी को दिमागी ताकत से हासिल किया जा सकता है। अगर आप दुनिया की परवाह न करते हुए धैर्यपूर्वक अपने लक्ष्य की ओर मजबूती से बढ़ते रहें तो दुनिया की कोई ताकत आपको सफल होने से नहीं रोक सकती। जैक की जीवन-गाथा और प्रेरक विचारों से इसे सीखा और जीवन में उतारा जा सकता है।

युवा उद्यमियों सहित सभी के लिए एक प्रेरक और उपयोगी पुस्तक।

अनुक्रम

जैक मा के प्रेरक विचार

जैक मा की प्रेरक जीवनी

सफलता व असफलता हमारे जीवन का एक अहम हिस्सा है। यह हमारे ऊपर निर्भर करता है कि हम उन असफलताओं से निराश होते हैं या उनसे कुछ सीखते हुए आगे बढ़ते हैं। लेकिन क्या आप विश्वास कर सकते हैं कि जो इनसान एक साधारण सी नौकरी पाने के लिए भी कई बार रिजेक्ट हुआ हो, वह आज अपने देश का सबसे अमीर व्यक्ति बन सकता है। जी हाँ, दोस्तो, यह बिल्कुल सच है। सच्ची मेहनत और लगन के साथ सबकुछ हासिल किया जा सकता है।

यह कर दिखाया है जैक मा ने। ये वही जैक मा हैं, जिन्होंने चीन की सबसे बड़ी इ-कॉमर्स साइट 'अलीबाबा' का निर्माण किया। जैक अलीबाबा ग्रुप के संस्थापक हैं। आइए, जैक की प्रेरक कहानी पर एक सरसरी निगाह डालते हैं।

'अलीबाबा' ग्रुप के संस्थापक जैक मा

जैक का जन्म 10 सितंबर, 1964 को चीन के जेजिआंग प्रांत के एक छोटे से गाँव हंगझोउ में हुआ। जैक के परिवार की आर्थिक स्थिति बहुत खराब थी। जैक एक बहुत ही साधारण परिवार से थे। उनके माता-पिता पारंपरिक चीनी नाटकों और प्रसिद्ध कहानियों को सुनाने का काम करते थे। उनके परिवार की आजीविका का यही एकमात्र साधन था। उनके जन्म के उपरांत उनके माता-पिता द्वारा उन्हें 'मा युन' नाम दिया गया। उनका एक बड़ा भाई और एक छोटी बहन है।

कीड़ों को पकड़ आपस में लड़ाते थे

दुबली-पतली कद-काठी के जैक स्कूली दिनों में पढ़ाई में बहुत ज्यादा होशियार नहीं थे; लेकिन अन्य बातों में बचपन से ही तेज थे और छोटी-छोटी बातों पर अपने सहपाठियों से लड़ाई कर बैठते थे। जैक मा 'अलीबाबा' नामक एक किताब में अपने स्कूल के दिनों को याद करते हुए कहते हैं कि "मैं बड़े लोगों से कभी डरता नहीं था।" जैक को बचपन में झींगुर नामक कीड़े को पकड़कर उन्हें लड़ाना बहुत पसंद था। उन्हें इस बात से कोई फर्क नहीं पड़ता कि कीड़ा कितना बड़ा था। उन्हें तो बस, उन कीड़ों को पकड़कर आपस में लड़ाना पसंद था।

टूरिस्ट गाइड

उन्हें बचपन से ही अंग्रेजी भाषा को सीखने व समझने में बहुत दिलचस्पी थी। उस समय कम्युनिस्ट देश चीन की प्रमुख भाषा चीनी ही थी और '60 के दशक में चीनी भाषा को ही महत्त्व दिया जाता था। अंग्रेजी भाषा को सीखने-पढ़ने पर कोई विशेष ध्यान नहीं दिया जाता था, न ही इसको जरूरी समझा जाता था। बावजूद इसके लगभग 13 साल ही

उम्र से ही उन्होंने अंग्रेजी सीखना शुरू कर दिया। बजाय किसी अंग्रेजी के शिक्षक के उन्होंने विदेशों से आनेवाले टूरिस्टों की मदद करनी शुरू कर दी और एक टूरिस्ट गाइड की भूमिका निभाने लगे।

सन् 1972 में तत्कालीन अमेरिकी राष्ट्रपति रिचर्ड निक्सन के हंगझोउ के दौरे के बाद जैक मा का होमटाउन एक टूरिस्ट प्लेस बन गया। उस समय जैक किशोरावस्था के दौर में थे। वे रोज सुबह पर्यटकों को अंग्रेजी में गाइड करने के लिए शहर के बड़े होटलों में पहुँच जाते थे और वहाँ सैलानियों के गाइड बनकर उन्हें जगह-जगह घुमाने के लिए ले जाते। इस दौरान जैक अपनी टूटी-फूटी अंग्रेजी में बात करते और इस तरह इस भाषा पर अपनी पकड़ बनाते।

पश्चिमी देशों से आए टूरिस्टों से अंग्रेजी भाषा में बात करने में शुरुआत में थोड़ी दिक्कतें आईं, पर फिर कोशिश करते रहने से उनकी टूटी-फूटी अंग्रेजी में सुधार होता गया।

उनका बचपन का नाम 'मा युन' था, पर विदेशी पर्यटकों के लिए यह चीनी नाम उच्चारण करने में कठिन था। एक बार एक विदेशी पर्यटक से उनकी मित्रता हो गई और उसने ही उन्हें 'जैक' नाम दिया।

नौ वर्ष तक जैक ने एक टूरिस्ट गाइड की तरह काम किया, जिससे उन्हें पश्चिमी देशों की संस्कृति के साथ-साथ अंग्रेजी भाषा की भी बहुत अच्छी समझ हो गई। वे उनसे अंग्रेजी के लक्षण सीख गए। अब बारी थी पारंपरिक तौर पर अंग्रेजी सीखने की। चीन की ही नॉर्मल यूनिवर्सिटी में एडमिशन ले लिया और वहीं से अंग्रेजी में अपनी ग्रेजुएशन पूरी कर ली। बाद में उन्होंने योंग कोंग ग्रेजुएट स्कूल ऑफ बिजनेस, बीजिंग से भी डिग्री ली।

चुनौतियाँ

जैक के कॅरियर की शुरुआत काफी चुनौतीपूर्ण रही। जैक ने अपने कॅरियर की शुरुआत में पुलिस की नौकरी के लिए भी आवेदन किया;

लेकिन उन्हें वहाँ से निराश होना पड़ा। बकौल जैक, नौकरी के लिए उन्हें लगभग 30 अलग-अलग जगहों से निराश होना पड़ा।

वर्ष 1995 की शुरुआत में वे अपने दोस्तों की मदद से अमेरिका गए, जहाँ उन्होंने पहली बार इंटरनेट देखा। जैक मा ने इससे पहले कभी इंटरनेट नहीं चलाया था। उन्होंने जब पहली बार इंटरनेट चलाया तो उन्होंने 'बीयर' शब्द खोजा। उन्हें बीयर से संबंधित कई जानकारियाँ अलग-अलग देशों से प्राप्त हुईं, लेकिन वे यह देखकर चौंक गए कि उस सर्च में चीन का नाम कहीं नहीं था। अगली बार उन्होंने चीन के बारे में सामान्य जानकारी ढूँढ़ने की कोशिश की; लेकिन फिर वे चौंक गए कि चीन की कोई जानकारी इंटरनेट पर उपलब्ध नहीं थी।

अपने देश की जानकारी इंटरनेट पर न होने से जैक बहुत दु:खी हुए, क्योंकि इससे उन्हें लगा कि चीन तकनीकी क्षेत्र में अन्य देशों से काफी पीछे है और वह आगे बढ़ना ही नहीं चाहता है। इसी वजह से उन्होंने अपने मित्र के साथ मिलकर चीन की जानकारी देनेवाली पहली वेबसाइट 'अगली' बनाई। तब जैक मा को एहसास हुआ कि इंटरनेट से बहुत कुछ किया जा सकता है।

वर्ष 1995 में जैक और उनके कुछ दोस्तों ने मिलकर 20,000 डॉलर इकट्ठे किए और एक कंपनी की शुरुआत की। उस कंपनी का मुख्य काम दूसरी कंपनियों के लिए वेबसाइट बनाना था। उन्होंने अपनी कंपनी का नाम 'चायना येलो पेजेज' रखा।

तीन साल के अंदर उनकी कंपनी ने 8 लाख डॉलर कमाए। अब जैक ने अपने एक अमेरिकी मित्र की मदद से चीनी कंपनियों के लिए भी वेबसाइट बनाना शुरू कर दिया। जैक ने पहली बार 33 वर्ष की उम्र में अपना पहला कंप्यूटर खरीदा।

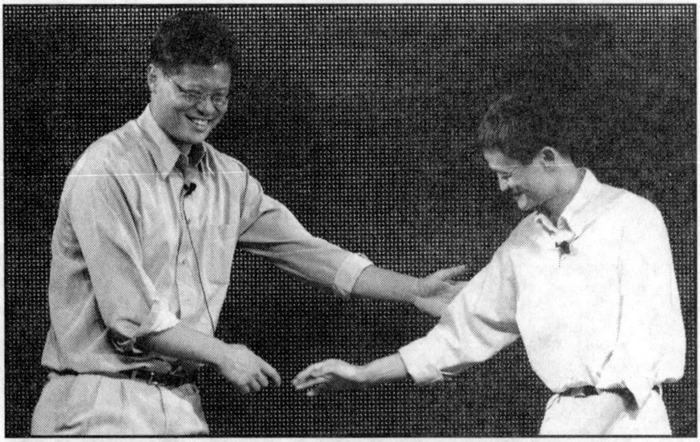

वर्ष 1998 से 1999 में जैक मा ने चायना इंटरनेशनल इलेक्ट्रॉनिक कॉमर्स सेंटर द्वारा स्थापित एक आई.टी. कंपनी की अध्यक्षता का कार्य किया। सन् 1999 में उन्होंने वहाँ से काम छोड़ दिया और अपनी टीम के साथ हंगझोउ लौट आए, जहाँ उन्होंने अपने 17 दोस्तों के साथ मिलकर अपने घर से ही चीन की पहली बी2बी वेबसाइट 'अलीबाबा' की स्थापना की।

उन्होंने अलीबाबा द्वारा एक इतिहास रच दिया, जो उन्होंने 5 लाख युआन से शुरू की और जिसके 79 मिलियन सदस्य 240 से ज्यादा देशों में फैले हुए हैं। अक्तूबर 1999 और जनवरी 2000 में अलीबाबा ने दो बार 25 मिलियन डॉलर का इंटरनेशनल वेंचर कैपिटल इन्वेस्टमेंट अर्जित किया था। अपने इस प्रोग्राम से वे अपने देश के इ-कॉमर्स मार्केट में सुधार लाना चाहते थे, जो छोटे और मध्यम वर्गीय व्यवसायों को विश्व स्तर पर लेकर जाए।

ग्लोबल इ-कॉमर्स सिस्टम को सुधारने के लिए वर्ष 2003 में जैक मा ने टाओबाओ मार्केट प्लेस की स्थापना की, जिसके बढ़ते प्रभाव को देखते हुए ईबे ने इसे खरीदने का ऑफर दिया। जैक मा ने ईबे का

प्रस्ताव ठुकरा दिया और इसकी बजाय याहू के सह-संस्थापक जेरी से 1 अरब डॉलर की सहायता ली। वर्ष 2005 में याहू ने उनकी कंपनी में 40 फीसदी शेयर खरीदने के लिए करीब 1 अरब डॉलर खर्च किए।

सितंबर 2014 के आँकड़ों के अनुसार, अलीबाबा ने न्यूयॉर्क स्टॉक एक्सचेंज में 25 अरब डॉलर की कंपनी खड़ी कर दी। अलीबाबा इस राशि के साथ विश्व की सबसे प्रख्यात टेक कंपनियों में गिनी जाने लगी। जैक मा वर्तमान में अलीबाबा ग्रुप के कार्यकारी अध्यक्ष हैं, जिनकी दस सहायक कंपनियाँ अलीबाबा डॉटकॉम, टाओबाओ मार्केटप्लेस, टीमाल, ईटाओ, अलीबाबा क्लाउड कंप्यूटिंग, जुहुएसुअन, 1688 डॉटकॉम, अलीएक्सप्रेस डॉटकॉम और अलीपे कार्यरत हैं। नवंबर 2012 में अलीबाबा की ऑनलाइन ट्रांजेक्शन 1 ट्रिलियन युआन से भी आगे बढ़ गई।

दुनिया में जो लोग खुद के दम पर कुछ करना चाहते है, उन्हें निश्चित ही जैक मा की कहानी प्रेरित करेगी। विश्व भर के उद्योगपतियों एवं व्यवसायियों के लिए जैक एक बहुत ही प्रभावशाली व्यक्ति हैं, साथ ही उनकी कहानी हम सबके लिए भी एक प्रेरणा है। लगातार असफल होने के बाद भी उन्होंने हार नहीं मानी और अंतत: उन्होंने जो मुकाम हासिल किया, वह हर उद्यमी और हर एक स्टूडेंट के लिए प्रेरणा का स्रोत है।

वे परोपकारी कार्यों के साथ-साथ नई पीढ़ी को बिजनेस के गुर सिखाने के लिए भी मशहूर हैं।

व्यवसाय जगत् में

जैक मा शुरुआती दिनों में नौकरी की तलाश में भटक रहे थे। पुलिस की नौकरी के लिए भी उन्होंने आवेदन किया; पर उनकी शारीरिक क्षमता उस नौकरी के अनुरूप न होने के कारण उन्हें वहाँ से भी निराशा ही हाथ लगी। जैक मा जब अमेरिका गए तो उन्हें वहाँ इंटरनेट के बारे में ज्यादा

जानकारी प्राप्त हुई; हालाँकि उन्होंने इसके बारे में पहले से सुन रखा था, पर अब उन्हें इसका उपयोग करने का मौका मिला।

उन्होंने इंटरनेट पर जो पहला शब्द टाइप किया, वह था—BEAR (भालू)। उन्होंने पाया कि दुनिया के बहुत से देशों के भालुओं के बारे में उन्हें जानकारी मिल गई, पर चीन में पाई जानेवाली प्रजातियों के बारे में कोई जानकारी उस वक्त तक इंटरनेट पर मौजूद नहीं थी।

फिर उन्होंने अलग-अलग चीजें चीन के बारे में सर्च कीं; पर इंटरनेट पर चीन के बारे में बहुत ही कम जानकारी उपलब्ध थी, जो उन्हें अच्छा नहीं लगा और उन्होंने अपने कुछ मित्रों की मदद से एक वेबसाइट बनाई, जो चीन के बारे में जानकारियाँ देती थी।

महज कुछ ही घंटों के भीतर उन्हें बहुत सी इ-मेल्स प्राप्त हुईं, जो लोग जैक के बारे में जानना चाहते थे। अब तक जैक को इंटरनेट की अनंत संभावनाओं का एहसास हो चुका था। इससे पहले वे एक ट्रांसलेशन (अनुवाद) करनेवाली एक छोटी सी एजेंसी चलाते थे। अब

जैक इंटरनेट की मदद से कुछ नया करना चाहते थे।

सन् 1995 में जैक ने अपने कुछ मित्रों और पत्नी की मदद से लगभग 20,000 डॉलर जमा किए, जिसमें उनकी अपनी बहन से लिये हुए पैसे भी शामिल थे, और एक नई वेबसाइट बनाई, जो चीन में जो छोटी-बड़ी कंपनियाँ थीं, उनको वेबसाइट बनाकर देती थी। उसका नाम उन्होंने 'चायना येलो पेजेज' रखा। वांछित लाभ न मिलने के कारण यह व्यवसाय भी असफल हो गया।

अलीबाबा कंपनी की शुरुआत

कुछ दिन सरकारी काम करने के बाद वे वापस गाँव आ गए और उन्होंने अपने 17 मित्रों को निवेश करने के लिए राजी किया और इस तरह उन्होंने अपने मित्रों के साथ मिलकर 'अलीबाबा' कंपनी (उस समय एक स्टार्टअप) की नींव रखी। शुरुआती दौर में उस कंपनी का ऑफिस अपना खुद का अपार्टमेंट बनाया। उन दिनों अपने मित्रों के निवेश के अलावा उनके पास कोई और पूँजी का माध्यम नहीं था; परंतु बाद में वर्ष 1999 तक कुछ दूसरी कंपनियों की मदद से उनका निवेश

2.5 करोड़ डॉलर और बढ़ गया। चीन के लोगों का विश्वास जीतने और उन्हें इंटरनेट पर व्यवसाय करना सिखाने के बाद अब यह कंपनी दुनिया की विशालतम कंपनियों में से एक बन चुकी है।

एक छोटे से गाँव के लड़के का सफर, जिसके पास खर्च करने के लिए एक रुपया भी नहीं था, वह इतनी बड़ी कंपनी को स्थापित करने में सफल हुआ, सिर्फ इस वजह से, क्योंकि उसमें कुछ कर दिखाने का जज्बा था, कुछ कर गुजरने की ललक थी और सबसे जरूरी उसमें जिज्ञासा थी—हर वक्त कुछ नया सीखने की। जिस इनसान में तलब है सीखने की, उसका सफलता की बुलंदियाँ छूना तय है। वह हजार बार असफल होकर भी एक-न-एक दिन सफलता के उन पायदानों पर पहुँच जाता है, जो हमें असंभव जान पड़ते हैं।

जैक के मुताबिक, "मैं जानता था कि चीन में मैं सर्वश्रेष्ठ नहीं हो सकता। इसलिए मैंने बिजनेस की दुनिया में कदम रखा।"

जैक मा ने खुद एक इंटरव्यू में माना है कि भले ही वे इंटरनेट कंपनी

'अलीबाबा' चलाते हैं, लेकिन तकनीक को लेकर उनकी जानकारी सीमित है। उनका कहना है कि उन्हें सिर्फ इ-मेल करना और वेब सर्फिंग ही आता है।

इंटरनेट से अपने पहले परिचय के बारे में जैक ने बी.बी.सी. रेडियो को दिए एक इंटरव्यू में बताया, "मेरे दोस्त स्टुअर्ट ने मुझसे कहा कि यह इंटरनेट है। इससे तुम जो चाहो, वह खोज सकते हो। मैंने इस पर हैरानी जताते हुए इंटरनेट पर जो पहला शब्द टाइप किया, वह 'BEAR' था। जब BEAR सर्च किया तो मुझे अमेरिकी व जर्मन बीअर तो मिले, लेकिन चीन से जुड़ा कोई रिजल्ट नहीं मिला। यह मेरे लिए आश्चर्य की बात थी।"

जैक मानते हैं कि उनकी अंग्रेजी बस, ठीक-ठाक है, बहुत अच्छी नहीं।

'अलीबाबा' नामकरण की कहानी

'अलीबाबा' चीन और बाकी देशों के निर्यातकों को दुनिया भर की कंपनियों से जोड़ती है। अलीबाबा टाओबाओ डॉट कॉम भी चलाती है। यह चीन की सबसे बड़ी शॉपिंग वेबसाइट है। अलीबाबा ने आनेवाले वर्षों में अपनी पहुँच पेमेंट वेबसाइट तक भी बनाई है।

'अलीबाबा' नाम रखने की वजह? जैक मा सैन फ्रांसिस्को के एक कॉफी शॉप में बैठे हुए थे, तभी वहाँ एक वेटरेस आती है। जैक वेटरेस से सवाल पूछते हैं कि "क्या तुम अलीबाबा को जानती हो?" जवाब में वेटरेस कहती है, "खुल जा सिम सिम।" यह सुनते ही जैक 'हाँ' बोल देते हैं। जैक कॉफी शॉप में हुए इस टेस्ट के बाद गली में जाकर 30 लोगों से पूछते हैं, "क्या आप लोग अलीबाबा को जानते हैं?" जर्मनी, भारत, जापान और चीन—सभी लोग अलीबाबा को जानते थे।

जैक मा को अपनी कंपनी का नाम मिल चुका था। कहानियों से निकलकर अलीबाबा एक वेबसाइट कंपनी की शक्ल ले चुका था।

जैक मा अलीबाबा नाम के बारे में बताते हैं, "अलीबाबा चोर नहीं था। वह दयालु था और यह जानता था कि व्यापार कैसे किया जाए। अलीबाबा ने ग्रामीण लोगों की भी मदद की।"

इसी तरह, अलीबाबा कंपनी भी सभी के लिए खुली हुई है, जहाँ दुनिया भर के लोग जाकर व्यापार कर सकते हैं।

जैक मा ने कहा, "हमने 'अलीमामा' नाम से भी कंपनी रजिस्टर्ड

की हुई है, अगर कोई हमसे शादी करना चाहे तो।" अलीबाबा और अलीमामा के अलावा जैक मा अब कई मोर्चे पर डटे हुए हैं।

असफलता बनी सफलता की सीढ़ी

जैक मा कोई रातोरात या अचानक कामयाब नहीं हुए। उनकी असफलताओं की भी एक लंबी सूची है और अगर आपको लगता है कि असफलताएँ सिर्फ आपको ही मिलती हैं तो जरा जैक मा के बारे में ये बातें भी जान लीजिए, जो उन्हें एक बड़ा योद्धा बनाती हैं—अपनी असफलताओं से लड़ने के लिए।

जैक प्राइमरी स्कूल में भी फेल हुए—एक बार नहीं, बल्कि दो-दो बार। जब वे मिडिल स्कूल में पहुँचे तो यह आँकड़ा और बढ़ गया और वे तीन बार मिडिल स्कूल में भी फेल हुए।

बाद में जैक मा ने कॉलेज में भरती होने के लिए संघर्ष किया। चीनी प्रवेश परीक्षा केवल एक वर्ष में एक बार आयोजित की जाती है और जैक मा को पास करने में चार साल लगे। उसके बाद जैक मा हंग्जू शिक्षक संस्थान (वर्तमान में हांग्जो सामान्य विश्वविद्यालय के रूप में जाना जाता है) में शामिल हुए और सन् 1988 में अंग्रेजी में स्नातक

किया। स्कूल में रहते हुए जैक मा छात्र परिषद् के प्रमुख थे। स्नातक स्तर की पढ़ाई के बाद वे हांग्जो डियांजी विश्वविद्यालय में अंग्रेजी एवं अंतरराष्ट्रीय व्यापार के प्राध्यापक बने। शिक्षक की नौकरी से उन्हें 12 डॉलर प्रतिमाह मिलता था। बाद में उन्होंने बीजिंग स्थित चेंग कांग ग्रेजुएट स्कूल ऑफ बिजनेस में दाखिला लिया और वर्ष 2006 में स्नातक किया।

जैसे-तैसे स्कूल खत्म करके कॉलेज में प्रवेश करने का सोचा तो तीन बार एंट्रेंस एग्जाम में फेल हुए। लगभग दस बार हार्वर्ड यूनिवर्सिटी के लिए अप्लाई किया, पर हर बार उन्हें रिजेक्ट कर दिया गया। कॉलेज के बाद भी उनके हालात सुधरे नहीं और उन्होंने लगभग तीस बार जॉब के लिए अप्लाई किया, पर जॉब पाने में भी विफल होते रहे।

उसके बाद खुद का बिजनेस करने की सोची। उन्हें शुरुआती दो बार फिर बिजनेस में असफलता ही हाथ लगी और यही असफलताएँ उनकी सफलताओं के द्वार खोलती चली गईं, यही असफलताएँ उनकी सफलताओं की सीढ़ियाँ बनती गईं।

एक इंटरव्यू में जैक ने कहा, "मैंने वर्ष 2002 में हार्वर्ड में एक भाषण दिया। मेरे भाषण के बाद एक कंपनी के सी.ई.ओ. ने कहा कि मैं पागल हूँ। उसने कहा कि वह चीन में कई साल तक रहा है और उसका मानना है कि मेरी तरह कंपनी को नहीं चलाया जा सकता। मैंने उसे 'अलीबाबा' आने का न्योता दिया। अलीबाबा में तीन दिन बिताने के बाद उसने मुझसे कहा कि अब वह समझ गया है। यहाँ काम कर रहे 100 लोग आपकी ही तरह पागल हैं।"

एक समय तो उन्हें के.एफ.सी. ने भी नौकरी देने से मना कर दिया था।

ढीला-ढाला देखकर किया रिजेक्ट

जैक मा के कॅरियर की शुरुआत काफी कठिन और चुनौतीपूर्ण रही। जैक मा ने 30 अलग-अलग जगहों पर नौकरी के लिए आवेदन

किए, लेकिन हर बार उन्हें निराशा हाथ लगी। पुलिस की नौकरी के लिए उन्हें ढीला-ढाला देखकर साफ मना कर दिया गया।

24 लोगों में केवल उनका नहीं हुआ चयन

एक बार के.एफ.सी. ने उनके शहर में नौकरी के लिए वैकेंसी निकाली। इसके लिए कुल 24 लोगों ने आवेदन किया। जैक भी उनमें से एक थे। बाद में पता चला कि कंपनी ने उनमें से 23 लोगों का चयन कर लिया था और सिर्फ जैक को रिजेक्ट कर दिया गया था। सोचिए, उस समय उन्हें कैसा लगा होगा!

जैक मा दुनिया के उन कुछ गिने-चुने लीडर्स में से एक हैं, जिनकी जिंदगी की कहानी हर किसी को प्रेरित करती है।

सन् 1999 में जैक ने जब अलीबाबा.कॉम की शुरुआत की, तब यह आम लोगों के इस्तेमाल के लिए नहीं थी। उस वक्त यह बिजनेस करनेवाले लोगों के लिए बाजार से जुड़ने का एक प्लेटफॉर्म थी। अलीबाबा ने चीन के निर्यातकों के लिए दुनिया के दूसरे खरीदारों से

संपर्क बनाने में साथ दिया। बिजनेस ठीक चल रहा था। इसके बाद बारी थी बिजनेस को आगे बढ़ाने की।

तब जैक ने सॉफ्ट बैंक और गोल्डमैन सैश से संपर्क किया। ये वे संस्थाएँ हैं, जो दुनिया भर में नए बिजनेस आइडिया को फंड मुहैया कराती हैं।

उन्होंने जैक का प्रस्ताव मान लिया और उन्हें फंड मिल गया। जैक मा ने अलीबाबा को अब कस्टमर-टू-कस्टमर प्लेटफॉर्म के रूप में तैयार कर लिया। अलीबाबा हिट हो गई। कंपनी ने शुरुआती कुछ समय तक मुनाफे से भी समझौता किया और सर्विस को लगातार बेहतर करने में लगी रही।

साल था 2003, जब कंप्यूटर ने घर-घर तक अपनी पहुँच की तैयारी कर ली थी। बिजनेस बढ़ता चला गया और जैक मा लगातार नए प्रयोगों के साथ आगे बढ़ते गए। आज की तारीख में अलीबाबा की करीब नौ अलग-अलग कंपनियाँ चलती हैं, जिनमें अलीपे और अलीबाबा क्लाउड कंप्यूटिंग जैसे बड़े ब्रांड हैं। यहाँ तक कि भारत में पेटीएम को मजबूत करने में भी अलीबाबा का ही हाथ है। आज पेटीएम

कितनी बड़ी चीज है, यह हम और आप सभी समझते हैं। एक पूरी पीढ़ी के लिए जैक मा एक प्रेरणा बन चुके हैं।

शायद आपको लगे कि इतनी बड़ी कंपनी के संस्थापक के लिए गणित तो बहुत ही आसान विषय होगा, पर वास्तविकता इससे कोसों दूर है। अपने कॉलेज में गणित की परीक्षा में उन्हें एक बार 120 अंकों में केवल 1 अंक प्राप्त हुआ था। खुद जैक मा के शब्दों में, "मैं गणित में अच्छा नहीं हूँ, कभी मैनेजमेंट की पढ़ाई नहीं की और अब भी एकाउंटिंग रिपोर्ट को पढ़ना नहीं जानता।"

अलीपे

जब जैक मा ने सन् 1998 में अलीबाबा की स्थापना की तो उनको बहुत सी बाधाओं का सामना करना पड़ा। पहले तीन सालों तक इस ब्रांड से उनको कोई लाभ नहीं हुआ। कंपनी की सबसे बड़ी चुनौती यह थी कि इसके पास भुगतान के रास्ते नहीं थे और बैंक इसके साथ काम करने को तैयार नहीं थे।

जैक मा ने अलीपे के नाम से खुद का पेमेंट प्रोग्राम शुरू करने का निर्णय किया। इसके तहत अंतरराष्ट्रीय खरीदारों और विक्रेताओं के बीच अलग-अलग करेंसीज के पेमेंट्स को ट्रांसफर किया जाता है। उन्होंने बताया, "उस वक्त बहुत से लोगों से मैंने अलीपे के बारे में बात की; लेकिन उन लोगों ने कहा कि अब तक का यह सबसे मूर्खतापूर्ण विचार है। लेकिन मैंने हार नहीं मानी।" आज करीब 8 करोड़ लोग 'अलीपे' का इस्तेमाल करते हैं।

उनकी शॉपिंग वेबसाइट अलीबाबा डॉटकॉम पर प्रतिदिन 10 करोड़ ग्राहक आते हैं। आज 80 करोड़ लोग 'अलीपे' का इस्तेमाल करते हैं।

एलक्यू—प्रेम

जैक मानते हैं कि जब मशीन और रोबोट पूरी तरह से इनसानों से काम में प्रतिस्पर्धा में आ जाएँगे तो यह प्रेम ही होगा, जो इनसानों को इस दौड़ में आगे रखेगा।

न्यूयॉर्क सिटी में ब्लूमबर्ग ग्लोबल बिजनेस फोरम में एक वक्तव्य में उन्होंने कहा, "अगर आप सम्मान चाहते हैं, आपके अंदर एलक्यू

होना चाहिए। पर यह एलक्यू है क्या? प्यार करने की क्षमता, जो मशीनों के पास कभी नहीं होती।"

इसमें कोई शक नहीं कि जिस तरह से जैक मा ने अविश्वसनीय तरीके से अलीबाबा के डबल 11 ग्लोबल शॉपिंग सेल से जबरदस्त कमाई की, उससे इ-कॉमर्स इंडस्ट्री बहुत सी बातें सीख सकती है। 24 घंटे में इस सेल के जरिए 1,638 अरब रुपए का कारोबार हुआ। लेकिन अंग्रेजी शिक्षक से खरबपति बने जैक मा शायद आपको अपनी इन उपलब्धियों से बिल्कुल ही अलग सीख देना चाहते हैं।

जैक मा कहते हैं कि उनकी सफलता के पीछे एलक्यू का हाथ है। जैक मा कहते हैं कि हो सकता है, आपके पास किसी काम को करने के लिए जरूरी आई.क्यू. या ई.क्यू. (दोनों ही बुद्धि नापने के तरीके हैं, जिनसे किसी में नेतृत्व कर पाने की क्षमताओं का भी अनुमान किया जाता है) हों; लेकिन आपको जो चीज दुनिया से एक व्यक्ति के रूप में अलग करती है, उसे मैं एलक्यू (प्रेम) कहता हूँ।

उनके अनुसार, "एलक्यू इस दुनिया की बड़ी समस्याओं, जैसे—भुखमरी, बीमारी और जलवायु परिवर्तन जैसी बड़ी-बड़ी समस्याओं के रचनात्मक उपायों के साथ सामने आने में इनसानों की मदद करता है।"

ग्लोबल शॉपिंग सेल : सिंगल्स डे सेलिब्रेशन

जैसे वैलेंटाइन्स डे प्रेमी जोड़ों के मिलन का दिन होता है, चीन में सिंगल्स डे तड़क-भड़क के साथ मनाया जाता है। 11 नवंबर, यानी डबल इलेवन। इसे एंटी-वैलेंटाइन्स डे मान सकते हैं। जैक मा ने इस तारीख को पैसा कमाने के लिए इस्तेमाल किया। जैसे भारत में त्योहारों पर ऑनलाइन शॉपिंग वेबसाइट्स पर सेल लगती है, ठीक उसी तरह जैक मा ने वर्ष 2009 से 11 नवंबर को शॉपिंग डे का ट्रेंड शुरू किया।

इस सेल में लोगों को छूट दी जाती है। लोग इस सेल का इंतजार

करते हैं। हर साल कंपनी अपनी ही कमाई का रिकॉर्ड तोड़ती है।

ए.एफ.पी. के मुताबिक, वर्ष 2017 के सिंगल्स डे पर अलीबाबा ने फिर रिकॉर्ड तोड़कर करीब 25 अरब डॉलर का व्यापार किया।

यह कोई आश्चर्य नहीं कि कोई जैक मा को उनकी रचनात्मकता में कमी नहीं बता पाता और इसका बेहतरीन प्रदर्शन डबल 11 ग्लोबल शॉपिंग सेल में देखने को तब मिला, एक दिन जब युवा, सिंगल और समृद्ध चीनी लोगों ने तरह-तरह के सामानों से अपने घर को बाद में प्रेम में बदलने के लिए भर लिया।

मनोरंजन के सही तड़के (इसमें गीत व संगीत भी रखा गया था), तड़क-भड़क (निकोल किडमैन को इसमें शामिल किया गया था), तकनीकी (इस सेल के दौरान कोई भी तकनीकी गड़बड़ी नहीं हुई) और ग्राहकों को उत्पादों की विस्तृत रेंज के जरिए अलीबाबा ग्रुप ने एक दिन में सारे रिकॉर्ड तोड़ते हुए सबसे ज्यादा कमाई की।

ऐसा पहली बार हो रहा था कि अलीबाबा की सेल सप्ताहांत में आयोजित की गई। कंपनी के अनुसार, हमें जैसा रिएक्शन मिला, वह मोबाइल युग में उपभोक्ताओं की जीवन-शैली में हुए बदलावों को दरशाता है। आधी रात तक वेबसाइट पर खरीदारी जारी थी।

इस प्रकार, अलीबाबा ने अपनी वार्षिक सेल के आठवें संस्करण में सिर्फ 24 घंटे में ही 25 अरब डॉलर यानी 30 हजार करोड़ रुपए की बिक्री की। 11 नवंबर की सिंगल डे सेल में लगभग सारी पेमेंट 'अलीपे' के माध्यम से की गई। चीन में कैश ऑन डिलीवरी की सुविधा फिलहाल नहीं है। अलीबाबा ग्रुप होल्डिंग लि. ने कहा कि शॉपिंग फेस्टिवल के पहले दो घंटों में ही करीब 11.9 अरब डॉलर मूल्य के सामानों की बिक्री हुई।

अलीबाबा ग्रुप के सी.ई.ओ. डेनियल जांग ने कहा कि "यह केवल सेल नहीं है, बल्कि इससे यह साबित होता है कि चीन में सामानों का उपभोग कितना बढ़ गया है।" उन्होंने कहा, "यह दरशाता है कि

व्यापारियों और ग्राहकों ने ऑफलाइन व ऑनलाइन रिटेल के एकीकरण को पूरी तरह से स्वीकार कर लिया है।" 24 घंटों के इस बहुप्रतीक्षित सालाना शॉपिंग फेस्टिवल का नौवाँ संस्करण दुनिया का सबसे बड़ा ऑनलाइन फेस्टिवल रहा।

डेनियल ने ग्राहकों की उत्साहपूर्ण प्रतिक्रिया की सराहना करते हुए कहा, "वेबसाइट पर भारी ट्रैफिक के बावजूद हमारा सिस्टम आराम से काम करता रहा और ग्राहकों को किसी भी तरह की परेशानी नहीं हुई।" उन्होंने बताया कि अलीबाबा क्लाउड (अलीबाबा का ऑनलाइन भुगतान प्लेटफॉर्म) पर शानदार शॉपिंग फेस्ट के शुरुआती घंटे में करीब 3,25,000 ऑर्डर्स प्रति सेकंड खरीदारी की जा रही थी। पिछले साल (वर्ष 2016) के मुकाबले इस साल अलीबाबा ने 39 फीसदी ज्यादा बिक्री की। 11/11 ग्लोबल आउटसोर्सिंग फेस्टिवल में जापान, ऑस्ट्रेलिया, जर्मनी समेत 225 देशों के सेलर शामिल हुए थे।

डेनियल ने मीडिया से बात करते हुए बताया कि अलीबाबा के न्यू रिटेल मॉडल के जरिए रिटेल व्यापारी भी शॉपिंग कर रहे थे। चीन और

बाकी दुनिया के लोगों का झुकाव ऑनलाइन शॉपिंग की ओर बढ़ा है। लगभग 40 प्रतिशत सेल इंटरनेशनल ब्रांड्स से हुई।

फेस्ट के पहले घंटे में करीब 60 प्रमुख अंतरराष्ट्रीय ब्रांड्स की 1.5 करोड़ डॉलर से अधिक मूल्य की बिक्री हुई, जिसमें ऐप्पल, नाइक, सैमसंग, जारा और गैप प्रमुख रहे। वर्ष 2017 के इस फेस्ट में 1,40,000 से अधिक ब्रांड्स ने भाग लिया, जिनके 1.5 करोड़ से अधिक प्रोडक्ट्स सेल के लिए लिस्टेड थे। इस फेस्टिवल की शुरुआत वर्ष 2009 में हुई थी।

कंपनी ने कहा कि चीन के लोग सामान खरीदने के लिए अब बाहर नहीं जाना चाहते। उन्हें बाहर कहीं जाने की जरूरत भी नहीं है, क्योंकि उन्हें सारा सामान देश के भीतर ही ऑनलाइन रूप से मिल जाता है। कंपनी का कहना है कि “हम सक्रिय रूप से चीनी ब्रांड्स को बढ़ावा दे रहे हैं। हमें विदेशों में भी सकारात्मक प्रतिक्रिया दिखी है। हमें अंतरराष्ट्रीय उपभोक्ताओं की ओर से सकारात्मक प्रतिक्रिया मिली है।” अलीबाबा ने इस सेल में धमाकेदार छूट भी दी थी।

सबसे बड़ा आई.पी.ओ.

अलीबाबा कंपनी की सफलता का अंदाजा इसी बात से लगाया जा सकता है कि इस कंपनी ने अपना आई.पी.ओ. 4080 रुपए (68 डॉलर) पर पेश किया था और मार्केट खत्म होने पर इसकी कीमत 5,711 रुपए (93.89 डॉलर) हो गई थी। इसे अमेरिका का अब तक का सबसे बड़ा आई.पी.ओ. बताया जा रहा है। उनकी निजी संपत्ति की कीमत करीब 1,30,800 करोड़ रुपए है।

ईबे का प्रस्ताव ठुकराया

ग्लोबल इ-कॉमर्स सिस्टम को सुधारने के लिए वर्ष 2003 में जैक मा ने टाओबाओ मार्केटप्लेस की स्थापना की, जिसके बढ़ते प्रभाव को देखते हुए ईबे ने उसे खरीदने का ऑफर दिया। लेकिन जैक मा ने ईबे का प्रस्ताव ठुकरा दिया और उसकी बजाय उसने याहू के सह-संस्थापक जेरी से 1 अरब डॉलर की सहायता ली।

अलीबाबा कंपनी के शुरुआती दिनों में सिर्फ 18 लोग काम करते थे और अभी करीब 22 हजार लोग काम करते हैं। जैक मा कहते हैं, “हमारी

कंपनी में बड़ी संख्या में महिला कर्मचारी हैं। कंपनी में 47 फीसदी महिलाएँ हैं। 21वीं सदी में अगर आपको जीत हासिल करनी है तो दूसरों को ताकतवर बनाइए। मुझे लगता है कि महिलाएँ खुद से ज्यादा दूसरों के बारे में सोचती हैं।"

अलीबाबा.कॉम के नाम से मशहूर यह कंपनी दुनिया भर की 190 कंपनियों से जुड़ी हुई है। अलीबाबा.कॉम वेबसाइट के अलावा टाओबाओ.कॉम चलाती है, जो चीन की सबसे बड़ी शॉपिंग वेबसाइट है। इसके अलावा, चीन की बड़ी जनसंख्या को इनकी वेबसाइट टीमाल.कॉम ब्रांडेड चीजें मुहैया कराती है। यही नहीं, चीन में ट्विटर जैसी सोशल मीडिया 'सिना वाइबो' में भी इस कंपनी की बड़ी हिस्सेदारी है।

इसके साथ ही यूट्यूब जैसी वीडियो शेयरिंग वेबसाइट योकू टुडोऊ में भी इसकी अहम हिस्सेदारी है। ये कंपनियाँ मार्केटिंग, क्लाउड कंप्यूटिंग और लॉजिस्ट सेवाएँ देती हैं।

निजी जीवन

जैक मा ने जेंग यिंग से शादी की और उनके एक पुत्र तथा एक पुत्री हैं। जैक अपनी पत्नी से पहली बार तब मिले, जब वे हंगझाउ नॉर्मल यूनिवर्सिटी में पढ़ रहे थे। स्नातक होने के बाद तुरंत 1980 के दशक में दोनों ने शादी कर ली और दोनों ने ही अध्यापन का काम शुरू कर दिया। जैक के बारे में उनकी पत्नी जेंग यिंग का मानना है, "जैक हैंडसम नहीं हैं; लेकिन मुझे उनसे इसलिए प्यार हो गया, क्योंकि वे ऐसे कई काम कर सकते हैं, जो हैंडसम पुरुष भी नहीं कर सकते।"

जैक की फिलॉसफी

जैक ऐसा मानते हैं कि कोई भी गलती आपके लिए एक शानदार रिवेन्यू है। 20 साल की उम्र तक एक अच्छे स्टूडेंट बनो। उद्यमी बनने के लिए आपको थोड़ा अनुभव लेना जरूरी है। 25 साल की उम्र तक आपको पर्याप्त गलतियाँ करनी चाहिए। बार-बार गिरो और हर बार उठो। नाकाम होने से कभी घबराना नहीं चाहिए। हर समय को एंजॉय

करो। 30 साल की उम्र तक आपको किसी को फॉलो करना चाहिए। छोटी कंपनी में काम करो। बड़ी कंपनी में प्रोसेसिंग अच्छे से सीख सकते हैं, लेकिन वहाँ आप एक बड़ी मशीन का हिस्सा बनकर रह जाएँगे। छोटी कंपनी में काम करते हुए आप जुनून सीखेंगे, कई काम एक साथ करना सीखेंगे।

यह ज्यादा मायने नहीं रखता कि आप किस कंपनी में काम करते हैं, बल्कि यह महत्त्वपूर्ण है कि आपका बॉस कौन है। एक अच्छे बॉस को फॉलो करना फायदेमंद होगा। यदि एक सफल एंटरप्रेन्योर बनना चाहते हैं तो 30 से 40 साल की उम्र में खुद के लिए काम करो। 40 से 50 साल की उम्र तक आपको उन चीजों पर काम करना चाहिए, जिसमें आप दक्ष हों। नई चीजें ट्राई न करें। इसलिए उन चीजों पर फोकस करें, जिनमें आप एक्सपर्ट हों। 50 से 60 साल की उम्र तक आपको युवा लोगों के लिए काम करना चाहिए। युवाओं पर विश्वास करें, उन पर निवेश करें। वे आपसे ज्यादा अच्छा काम कर सकते हैं। 60 साल की उम्र के बाद खुद के लिए समय देना चाहिए।

जैक मा की कहानी बताती है कि हमें शुरुआती असफलताओं से घबराना नहीं चाहिए, बल्कि उसका समझदारी के साथ मुकबला करना चाहिए; क्योंकि समय हमेशा एक-सा नहीं होता। अगर आपकी जिंदगी में अभी छाँव है तो इंतजार करें, सफलता की किरण आपकी जिंदगी को भी रोशन करेगी।

वर्ष 2017-18 में भारत का जितना रक्षा बजट था, उसमें करीब 2,000 करोड़ रुपए जोड़ दिए जाएँ तो यह जैक मा की कुल संपत्ति है—करीब 40 अरब डॉलर, यानी 2 लाख 61 हजार करोड़ रुपए। 'फोर्ब्स' अगस्त 2017 की रिपोर्ट के मुताबिक, जैक मा एशिया के सबसे अमीर कारोबारी हैं। आज सफल जैक मा की इ-कॉमर्स कंपनी 'अलीबाबा' के दरवाजे भले ही हजारों-लाखों लोगों के लिए खुले हैं, लेकिन एक ऐसा भी

वक्त था, जब जैक मा के लिए कई कंपनियों और यूनिवर्सिटीज ने अपने दरवाजे बंद किए थे। तब मा ने हिम्मत का जैक लगाकर उन बंद दरवाजों को 'खुल जा सिम-सिम' कहकर खोला था।

अलीबाबा के खजाने का राज

वेबसाइट ईबे कंपनियों की लिस्टिंग के लिए फीस चार्ज करती है। अलीबाबा कोई फीस चार्ज नहीं करती। जैक मा ने कमाई का आइडिया वेबसाइट पर मिलनेवाले विज्ञापनों को बनाया।

अलीबाबा ग्राहकों को कारोबारियों से जोड़ती है। इसके लिए थोड़ा सा कमीशन लिया जाता है। चूँकि यह पूरा सिस्टम ऑनलाइन है, इसलिए इस सिस्टम को काम करने के लिए इन्फ्रास्ट्रक्चर की जरूरत नहीं पड़ती।

जैक मा की कोशिश दुनिया में अपनी कंपनी के और पैर पसारने की है। आएदिन वे कंपनी का व्यापार बढ़ाने के लिए कई राष्ट्र प्रमुखों से मिलते हैं। उनमें प्रधानमंत्री नरेंद्र मोदी से लेकर अमेरिकी राष्ट्रपति डोनाल्ड ट्रंप भी शामिल हैं।

जैक के लिए बेस्ट बिजनेस प्लान

जैक का बिजनेस प्लान क्या है? इसे यों समझिए कि वे कहते हैं कि "बिजनेस शुरू करने का सबसे अच्छा प्लान यह है कि कोई प्लान न हो। बैठकर सोचने के लिए वक्त नहीं है।" शायद यही वजह है कि जैक मा अपनी कंपनी के सालाना कार्यक्रम में सफेद बालों में कभी पॉप सिंगर के लिबास में नजर आते हैं तो कभी पॉप स्टार के लुक में।

मार्शल आर्ट के खिलाड़ी

जैक मा ने बिजनेस के साथ-साथ मार्शल आर्ट भी सीखा है। वे कितना अच्छा सीख पाए, इसकी एक झलक 'गोंग शोउ डाओ' जैसी शॉर्ट फिल्म में देखी जा सकती है। इस फिल्म में रफ्तार से आती बास्केट बॉल को रोकने से लेकर फाइट सीन तक में जैक मा विरोधियों को पटखनी देते नजर आते हैं—कुछ-कुछ वैसी ही पटखनी, जैसी उन्होंने विश्व बाजार में अपने विरोधियों को दी है।

कयास ये भी हैं कि वे राजनीति में भी आ सकते हैं।

जैक मा कहते हैं, "लोग जब आज के सुखों का आनंद लेते हैं तो मैं आनेवाले पाँच साल बाद की चुनौतियों की तैयारी करता रहता हूँ।"

जैक मा एशिया के चौथे सबसे अमीर आदमी हैं। उनकी कुल संपत्ति 1 लाख 90 हजार करोड़ रुपए से भी ज्यादा है। जैक के जीवन पर आधारित किताब 'अलीबाबा : द हाउस दैट जैक मा बिल्ट' के मुताबिक, जब सन् 1999 में हांगझू के अपने अपार्टमेंट में उन्होंने यह कंपनी शुरू की तो लोग उन्हें शक की नजरों से देखते थे। लोग करीब तीन साल तक उन्हें ठग समझते रहे। जैक पढ़ाई में बिल्कुल अच्छे नहीं थे। बिल गेट्स और स्टीव जॉब्स की तरह जैक के पास भी कंप्यूटर साइंस का कोई बैकग्राउंड नहीं है, यहाँ तक कि बचपन में वे इतने गरीब थे कि उन्होंने कभी कंप्यूटर तक इस्तेमाल नहीं किया था।

भारत में अलीबाबा

अलीबाबा सिंगापुर इ-कॉमर्स ने वन97 कम्युनिकेशन के पेटीएम मॉल में 1,200 करोड़ रुपए का निवेश किया है। इसके अलावा, जल्द ही और 20 करोड़ डॉलर का निवेश करने पर बातचीत जारी है। अलीबाबा

की यूसी न्यूज के जरिए स्नैपडील में भी हिस्सेदारी है। गोल्डमैन सैश के मुताबिक, भारत का ऑनलाइन शॉपिंग मार्केट 45 लाख करोड़ का हो गया है, जिसमें जैक की अलीबाबा अपनी हिस्सेदारी क्लेम करने पर मेहनत कर रही है।

राजनीति का किया भरपूर इस्तेमाल

अलीबाबा कंपनी ने अपने फायदे के लिए चीन की इंटरनेट राजनीति का भरपूर इस्तेमाल किया। उन्होंने कम्युनिस्ट पार्टी के नेताओं को विश्वास दिलाया कि कंपनी किसी भी तरह से पार्टी के खिलाफ नहीं है। वे कहते हैं, "हम अपने शेयर होल्डर्स के लिए वैल्यू बनाते हैं। हमारे शेयर होल्डर्स नहीं चाहते कि हम सरकार की मुखालफत करें। हम सरकार के साथ मोहब्बत करते हैं, लेकिन उससे शादी नहीं करेंगे।"

विवादों में भी रही अलीबाबा

वर्ष 2011 में अलीबाबा को झटका लगा, जब कंपनी को कथित रूप से नकली सामान बेचते पाया गया। इसके बाद उन्होंने अपने

दो सहायकों को नौकरी से निकाल दिया। लोगों ने उन पर चीन की कम्युनिस्ट पार्टी से मिला होने के आरोप भी लगाए और जाँच की माँग की; लेकिन आलोचनाओं की परवाह किए बिना जैक मा आगे बढ़ते रहे। इसके अलावा, अलीबाबा ग्रुप की कई कंपनियों पर आयडिया चोरी के आरोप भी लगते रहे हैं।

मई 2013 में जैक ने अलीबाबा के मुख्य कार्यकारी अधिकारी का पद छोड़ दिया; लेकिन इससे न ही उनकी शोहरत में कोई कमी आई, न ही कंपनी के इर्द-गिर्द मँडराते विवादों में। मा ने संकेत दिया कि अब वे ऑनलाइन डाटा टेक्नोलॉजी की दिशा में काम कर रहे हैं। उनका कहना है कि दुनिया अब आई.टी. से डी.टी. की तरफ जा रही है। जैक मा को चीन में एक ट्रेंडसेटर के तौर पर देखा जाता है। चीन की सोशल नेटवर्किंग साइट 'वीबो' पर उन्हें 2 करोड़ से ज्यादा लोग फॉलो करते हैं। उन पर लिखी गई एक किताब 'मा-इज्म' के मुताबिक, जैक पर आधारित धर्म की शुरुआत हो चुकी है।

जैक : सम्मान एवं पुरस्कार

2004 : चाइना सेंट्रल टेलीविजन द्वारा टॉप 10 बिजनेस लीडर्स ऑफ द ईयर।

2005 : वर्ल्ड इकोनॉमिक फोरम द्वारा यंग ग्लोबल लीडर और 'फॉर्च्यून' पत्रिका ने जैक को '25 मोस्ट पावरफुल बिजनेस पीपल इन एशिया' में स्थान दिया।

2007 : 'बिजनेस वीक' में बिजनेस पर्सन ऑफ द ईयर का अवार्ड।

2008 : थर्टी वर्ल्ड्स बेस्ट सीईओज की सूची में शामिल।

2010 : 'फोर्ब्स' एशिया द्वारा प्राकृतिक आपदा प्रबंधन और गरीबी-उन्मूलन जैसे कार्यों के लिए एशियाज हीरोज ऑफ फिलनट्रफी में से एक चुना गया।

2013 : हांगकांग यूनिवर्सिटी ऑफ साइंस एंड टेक्नोलॉजी द्वारा डॉक्टरेट की उपाधि से सम्मानित।

2015 : दि एशियन अवार्ड्स में 'एंटरप्रेन्योर ऑफ द ईयर' से नवाजा गया।

जैक मा : रोचक तथ्य

- उद्योग की दुनिया की मशहूर मैगजीन 'फॉर्च्यून' ने जैक को दुनिया के 50 महान् लीडर्स की सूची में दूसरे स्थान का दर्जा दिया।
- एक रिपोर्ट के मुताबिक, अगस्त 2017 में जैक की कुल संपत्ति करीब 36.4 अरब अमेरिकी डॉलर आँकी गई।
- जैक मा चीन के अमीर व्यक्तियों की सूची में शीर्ष पर हैं, अर्थात् पहले स्थान पर हैं और वे दुनिया के अमीर व्यक्तियों की सूची में 18वें नंबर पर हैं।
- स्कूलिंग के दौरान जैक को विद्यार्थी परिषद् का अध्यक्ष चुना गया।
- जैक समय-समय पर युवा पीढ़ी से बिजनेस संबंधी बातें भी शेयर करते रहते हैं।

- जैक को वर्ष 2014 में 'फोर्ब्स' द्वारा विश्व के 50 सबसे शक्तिशाली व्यक्तियों की सूची में 30वाँ स्थान दिया गया।
- जैक को अपना नाम उनके एक विदेशी पर्यटक मित्र द्वारा दिया गया था।
- जैक को वर्ष 2009 में 'टाइम' मैगजीन में विश्व के 100 सबसे प्रभावशाली व्यक्तियों की सूची में शामिल किया गया।
- इसी साल उन्हें 'फोर्ब्स' चीन की तरफ से 'टॉप 10 मोस्ट रेस्पेक्टेड एंटरप्रेन्योर इन चाइना' चुना गया।

- 'अलीबाबा' के संस्थापक जैक को चीन में 'ट्रिलियन हॉउ' (1 खरब युआन कमानेवाला व्यक्ति) कहा जाता है।
- 10 सितंबर, 1964 को चीन के हंगझाउ में एक साधारण परिवार में जनमे जैक के माता-पिता संगीत एवं ड्रामा आर्टिस्ट थे।
- उनके दादा, जो एक स्थानीय अधिकारी थे, को कम्युनिस्ट क्रांति के दौरान बतौर शत्रु सजा दी गई थी।
- जैक ने 9 साल बतौर टूरिस्ट गाइड का काम किया, ताकि अपने विदेशी मेहमानों से अंग्रेजी सीख सकें।
- जैक ने 33 साल की उम्र में अपना पहला कंप्यूटर खरीदा।
- जैक को ताई-ची मार्शल आर्ट से गहरा लगाव है और उनकी इच्छा है कि उन्हें 'अलीबाबा' के संस्थापक से ज्यादा एक अच्छे ताई-ची मास्टर के रूप में जाना जाए।
- जैक मा को उनके प्रतिद्वंद्वी सनकी और नियम तोड़नेवाला करोबारी मानते हैं; लेकिन उन्हें इससे फर्क नहीं पड़ता।
- जैक ने हांगकांग में 3.8 करोड़ डॉलर खर्च करके एक लग्जरी अपार्टमेंट खरीदा, जिसमें केवल पाँच कमरे हैं।

जैक मा : एक रूप यह भी

जब कंपनियों में कर्मचारी अकसर बॉस की उँगलियों पर नाचते नजर आते हैं। इसी दुनिया में एक बॉस ऐसा भी है, जो अपनी कंपनी के 40 हजार कर्मचारियों के सामने रंगीन कपड़ों में माइकल जैक्सन के गानों पर नाचता नजर आता है। डांस खत्म होता है, कंपनी का बॉस चेहरे से नकाब हटाता है और सामने मौजूद अपने हजारों कर्मचारियों को फ्लाइंग किस देते हुए स्माइल पास करता है। यह कल्पना नहीं, हकीकत है। नकाब से निकला शख्स चीन के मेगाब्रांड अलीबाबा के मालिक जैक मा हैं।

□

जैक मा के प्रेरक विचार

अंग्रेजी

मेरी अंग्रेजी बस, ठीक-ठाक है, बहुत अच्छी नहीं।

• • •

अंधा व्यक्ति

मैं अपने आपको एक अंधे बाघ पर सवार एक अंधा व्यक्ति मानता हूँ।

• • •

अफसोस

जल्दी या देर से, आपको इस बात का अफसोस होगा कि आपने अपना पूरा समय काम में व्यतीत कर दिया।

• • •

यदि अलीबाबा माइक्रोसॉफ्ट या वॉलमार्ट नहीं बन पाता है तो मुझे बाकी की जिंदगी इसका अफसोस रहेगा।

• • •

अभ्यस्त

अस्वीकृति के अभ्यस्त हो जाएँ।

• • •

अलीपे

बहुत से लोगों से मैंने अलीपे के बारे में बात की, लेकिन उन लोगों ने कहा कि अब तक का यह सबसे मूर्खतापूर्ण विचार है। लेकिन मैंने हार नहीं मानी। आज करीब 8 करोड़ लोग अलीपे का इस्तेमाल करते हैं।

• • •

अलीबाबा

अलीबाबा चोर नहीं था। वह दयालु था और यह जानता था कि व्यापार कैसे किया जाए। अलीबाबा ने ग्रामीण लोगों की भी मदद की।

• • •

अलीमामा

हमने 'अलीमामा' नाम से भी कंपनी रजिस्टर की हुई है, अगर कोई हमसे शादी करना चाहे तो।

• • •

अवसर

अगर आप उन्नति करना चाहते हैं तो एक अच्छे अवसर को ढूँढ़िए। अगर आज आप एक बड़ी कंपनी बनाना चाहते हैं तो उन सामाजिक समस्याओं के बारे में सोचें, जिनका आप समाधान कर सकते हैं।

• • •

शिकायत न कर अवसर तलाशें।

• • •

असफल

जब के.एफ.सी. चीन आई, 24 लोग जॉब के लिए गए। 23 लोग सफल रहे, मैं असफल रहा।

● ● ●

मेरे शहर की जो सबसे खराब यूनिवर्सिटी मानी जाती थी—'हांग्जो शिक्षक विश्वविद्यालय', उसमें स्वीकार किए जाने से पहले मैं दो बार यूनिवर्सिटी के एग्ज़ाम में असफल हो चुका था।

● ● ●

असफलता

हार मान लेना सबसे बड़ी असफलता होती है। अगर आपने हार नहीं मानी है तो आपके पास और भी बहुत सारे मौके होंगे अपने आपको साबित करने के लिए।

● ● ●

आनंद

हर समय का भरपूर आनंद लो।

● ● ●

इंटरनेट

अगर इंटरनेट न होता तो आज न जैक मा होता, न अलीबाबा होता।

• • •

इकोसिस्टम

अलीबाबा एक ऐसा इकोसिस्टम है, जो छोटे व्यवसायों को फलने-फूलने में मदद करता है।

• • •

इतिहास

मैं इतिहास बदलना चाहता हूँ, अपने जीवन में कुछ महत्त्वपूर्ण करना चाहता हूँ। मैं उन लाखों लोगों के जीवन पर असर डालना चाहता हूँ, जो अलीबाबा के बिजनेस से जुड़े हैं।

• • •

इ-कॉमर्स पोर्टल

आपको उपभोक्ताओं को स्मार्ट बनाना होगा। कोई इ-कॉमर्स पोर्टल

किसी प्रोडक्ट को कम दाम पर नहीं बेचता, बल्कि ऑफलाइन शॉप उसे महँगे दामों पर बेचती है।

• • •

उद्यमी

यदि आप एक सफल उद्यमी बनना चाहते हैं तो 30 से 40 वर्ष की उम्र में खुद के लिए काम करें। 40 से 50 वर्ष की उम्र तक आपको उन चीजों पर काम करना चाहिए, जिनमें आप दक्ष हों।

• • •

उम्मीद

जब मैं 12 साल का था तो एक झील में तैरने गया। वहाँ मैं मरते-मरते बचा, क्योंकि झील मेरे अनुमान से ज्यादा गहरी थी।

• • •

एक्सपर्ट

नई चीजें ट्राई न करें। इसलिए उन चीजों पर फोकस करें, जिनमें आप एक्सपर्ट हों।

• • •

एलक्यू—प्रेम

यदि आप सम्मान चाहते हैं तो आपके अंदर एलक्यू होना चाहिए; और एलक्यू है क्या? प्यार करने की क्षमता, जो मशीनों के पास कभी नहीं होती।

● ● ●

ऑनलाइन शॉपिंग

मैं ऑनलाइन शॉपिंग नहीं करता, लेकिन मेरी पत्नी हर एक चीज घर से खरीदती है। हम समुद्री केकड़े, ताजे केकड़े, हर तरह की चीज खरीदते हैं।

● ● ●

कमी

हमारे पास कभी भी पैसे की कमी नहीं होती। हमारे पास कमी होती है तो सपने देखनेवाले लोगों की, जो अपने सपनों के लिए मर सकें।

● ● ●

कल

हम बीते हुए कल की सराहना करते हैं, परंतु हम एक बेहतर आनेवाले कल की ओर देखते हैं।

• • •

कल्पना

हम बीते हुए कल को याद करते हैं, परंतु हम एक बेहतर कल की कल्पना भी तो करते हैं।

• • •

काबिल व्यक्ति

किसी पद को उसके काबिल व्यक्ति को दें, न कि बहुत ज्यादा काबिल व्यक्ति को। यह बहुत ही कष्टदायी बात हो सकती है; परंतु इसका कोई मतलब नहीं है कि जहाँ आपको एक ट्रैक्टर की जरूरत हो, वहाँ आप एक विशाल हवाई जहाज के इंजन का प्रयोग करें।

• • •

काबिलीयत

अगर आप हार नहीं मानते तो आपके पास अभी भी एक मौका है और जब आप छोटे हों तो अपने दिमाग पर बहुत ज्यादा फोकस और भरोसा करना होगा, बजाय कि काबिलीयत पर।

• • •

कामयाब

इस बात से कोई फर्क नहीं पड़ता, यदि हम असफल हो गए। कम-से-कम हमने दूसरों के लिए रास्ता तो बना दिया। भले ही मैं असफल हो गया, लेकिन कोई तो जरूर सफल होगा।

• • •

कार्यक्रम

कभी भी 20 साल का कार्यक्रम 2 साल में खत्म नहीं करना चाहिए।

• • •

कीड़े लड़ाना

बचपन में मुझे झींगुर नामक कीड़े को पकड़कर उन्हें लड़ाना बहुत पसंद था।

• • •

कोशिश

यदि आपने कभी कोई कोशिश ही नहीं की तो आपको कैसे पता चलेगा कि कोई मौका है।

• • •

खर्च करना

पैसे खर्च करना पैसे कमाने से ज्यादा मुश्किल है।

• • •

खुश

मैं खुद को खुश रखने का प्रयास करता हूँ, क्योंकि मुझे पता है कि यदि मैं खुद खुश नहीं तो मेरे सहयोगी भी खुश नहीं होंगे, जिससे मेरे शेयरधारक खुश नहीं रहेंगे और जिससे मेरे ग्राहक खुश नहीं रहेंगे।

• • •

मैं जो हूँ, वह रहता हूँ, तब मैं खुश रहता हूँ और अच्छे परिणाम भी मिलते हैं।

• • •

गणित

मैं गणित में अच्छा नहीं हूँ, कभी मैनेजमेंट की पढ़ाई नहीं की और अब भी एकाउंटिंग रिपोर्ट को पढ़ना नहीं जानता।

• • •

गलत शिक्षा

मुझे चीन में शिक्षा दी गई थी कि चीन एक धनी व संपन्न देश है; लेकिन मुझे ऑस्ट्रेलिया जाकर पता चला कि मुझे गलत शिक्षा दी गई थी। उसके बाद मैंने अलग तरीके से सोचना शुरू किया।

• • •

गलतियाँ

जब हमारे पास ज्यादा पैसा होता है तो हम गलतियाँ करना शुरू कर देते हैं।

• • •

गलती

कोई भी गलती आपके लिए एक शानदार रिवेन्यू है। 20 साल की

उम्र तक एक अच्छे स्टूडेंट बनो। उद्यमी बनने के लिए आपको थोड़ा अनुभव लेना जरूरी है।

• • •

गिरो और उठो

25 साल की उम्र तक आपको पर्याप्त गलतियाँ करनी चाहिए। बार-बार गिरो और हर बार उठो।

• • •

गुजारा

शुरुआत में मैं सिर्फ गुजारा चलाना चाहता था। पहले तीन साल हमने कुछ नहीं कमाया।

• • •

ग्राहक

ग्राहक सर्वोपरि है।

• • •

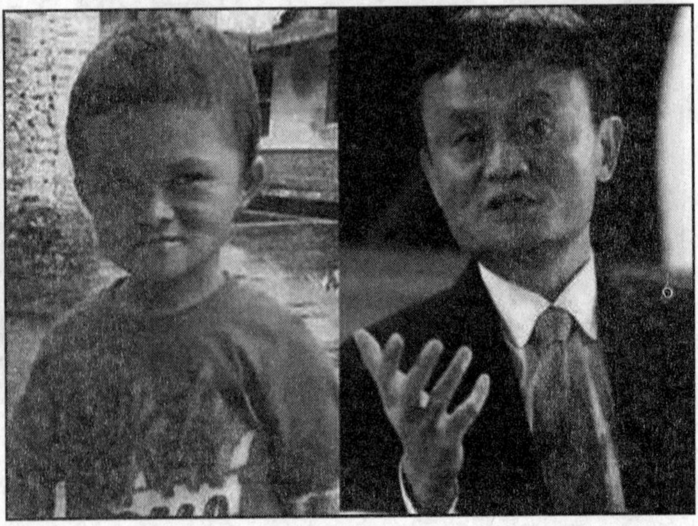

प्रतिस्पर्धियों को भूल जाएँ और केवल अपने ग्राहकों पर ध्यान लगाएँ।

• • •

ग्लोबल कंपनी

मेरा सपना अपनी खुद की इ-कॉमर्स कंपनी खड़ा करना था। सन् 1999 में मैंने अपने अपार्टमेंट में 18 लोगों को एकत्रित किया और उनसे दो घंटे तक अपने विजन के बारे में बात की। हर किसी ने अपने पैसे टेबल पर रख दिए और उससे अलीबाबा शुरू करने के लिए 60,000 डॉलर इकट्ठा हो गए। मैं एक ग्लोबल कंपनी चाहता था, इसलिए मैंने एक ग्लोबल नाम सोचा।

• • •

चीन

चीन से निकलने से पहले मुझे बताया गया था कि चीन दुनिया का सबसे समृद्ध और खुशहाल देश है। इसलिए जब मैं ऑस्ट्रेलिया पहुँचा

तो देखा कि सबकुछ अलग है। तब से मैंने अलग ढंग से सोचना शुरू कर दिया।

• • •

चुनौती

लोग जब आज के सुखों का आनंद लेते हैं, मैं आनेवाले पाँच साल बाद की चुनौतियों की तैयारी करता रहता हूँ।

• • •

चौकन्ना

मना करने की जरूरत पर चौकन्ना रहें।

• • •

छोटी कंपनी

छोटी कंपनी में काम करो। बड़ी कंपनी में आप प्रोसेसिंग अच्छे से

सीख सकते हैं, लेकिन वहाँ आप एक बड़ी मशीन का हिस्सा बनकर रह जाएँगे।

• • •

जटिल

शांति की बात हमेशा जटिल होती है।

• • •

जानकारी सीमित

भले ही मैं इंटरनेट कंपनी 'अलीबाबा' चलाता हूँ, लेकिन तकनीक को लेकर मेरी जानकारी सीमित है। मुझे सिर्फ इ–मेल करना और वेब सर्फिंग ही आता है।

• • •

जिंदगी

आप कभी जान नहीं पाएँगे कि आप जिंदगी में कितना कुछ कर सकते हैं।

• • •

जिंदगी का आनंद

मैं इस दुनिया में काम करने नहीं आना चाहता; मैं इस दुनिया में अपनी जिंदगी का आनंद लेने आना चाहता हूँ। मैं अपने दफ्तर में नहीं मरना चाहता; मैं बीच पर मरना चाहता हूँ।

• • •

जीवन

आप यह नहीं जानते कि आप अपने जीवन में कितना कुछ कर सकते हैं।

• • •

जीवन का आनंद

इस छोटी सी जिंदगी में जीवन का आनंद लें, काम के प्रति इसे गंभीर और दुःखी न बनाएँ।

• • •

जिंदगी बहुत छोटी है और बहुत खूबसूरत। काम के प्रति इतने गंभीर न रहें। जीवन का आनंद लें।

• • •

जुनून

इ-कॉमर्स में खुद को सही साबित करने से ज्यादा महत्त्वपूर्ण बात यह है कि जो कुछ भी करते हैं, उसे अभी, पूरे जुनून के साथ करते रहें।

• • •

छोटी कंपनी में काम करते हुए आप जुनून सीखेंगे, कई काम एक साथ करना सीखेंगे।

• • •

जोश

पहले दिन से ही पूरे जोश में रहें।

• • •

टीम

अगर हम एक अच्छी टीम हैं और यह जानते हैं कि हमें क्या करना है तो हममें से हर एक उनमें से दस को हरा सकता है।

• • •

मैंने 'अलीबाबा' में अपने बुरे दिनों से सीखा है कि आपके पास अपनी एक ऐसी टीम होनी चाहिए, जिसकी कोई वैल्यू हो और वह किसी दिशा में कुछ नया कर सके। अगर आप हार नहीं मानेंगे तो आपके पास जीतने का मौका रहेगा। फोकस करें और अपनी शारीरिक शक्ति से ज्यादा अपनी मानसिक शक्ति का प्रयोग करें।

• • •

टेक्नोलॉजी

मैं टेक्नोलॉजी में बहुत रुचि नहीं लेता। मैं टेक्नोलॉजी को अपने उपभोक्ताओं की नजरों से देखता हूँ।

• • •

डर

बचपन में मैं खुद से बड़े लोगों से कभी डरता नहीं था।

• • •

डॉलर

जब आपके पास 10 लाख डॉलर हैं तो आप एक भाग्यशाली व्यक्ति हैं, पर जब आपके पास 1 करोड़ डॉलर हैं तो आप पर संकट है।

• • •

तकनीक

मैं तकनीक के बारे में कुछ नहीं जानता।

• • •

मैं तकनीकी आदमी नहीं हूँ। मैं तकनीक को अपने ग्राहकों, यानी साधारण लोगों की आँखों से देखता हूँ।

• • •

ताश

मुझे ताश खेलना पसंद है, क्योंकि ताश खेलकर मैंने बहुत सी बिजनेस फिलॉसफी सीखी है।

• • •

मुझे ताश खेलना बहुत अच्छा लगता है, क्योंकि मुझे गणना नहीं करनी पड़ती। मैं अपने मन से खेलता हूँ, पर फिर भी मैंने बहुत सी चीजें ताश खेलकर सीखी हैं।

• • •

तीन सिद्धांत

सदैव इन तीन सिद्धांतों को अपने ध्यान में रखना चाहिए—एक, जो आप करना पसंद करते हों; दो, जो आपको करना चाहिए तथा तीन, कितने समय तक इसको करना चाहिए।

• • •

दिमाग

अपने बुरे दिनों में आपको बहुत अधिक फोकस्ड होना होता है और अपने दिमाग पर भरोसा करना होता है, न कि अपनी ताकत पर।

• • •

मैं नहीं चाहता कि चाइना में लोगों की जेबें गहरी हों, लेकिन उनके दिमाग ओछे।

• • •

दुनिया

दुनिया यह याद नहीं रखेगी कि आपने क्या कहा? लेकिन निश्चित तौर पर वह यह नहीं भूल पाएगी कि आपने क्या किया।

• • •

बाहरी दुनिया के बारे में जानना बड़ा मुश्किल है, परंतु आप अपने अंदर की दुनिया को जानते हैं। आप अपनी जरूरतों और इच्छाओं को भलीभाँति जानते हैं। अगर मैं खुद को दूसरे से बेहतर तरीके से जानता हूँ, तब मैं खुद में बाहरी दुनिया से मिलने के लिए बदलाव ला सकता हूँ।

• • •

धूप खिलेगी

माना कि आज कठिन है, कल हो सकता है और भी बदतर होगा; लेकिन परसों धूप खिलेगी।

• • •

धैर्य

धैर्य का आप में होना सबसे ज्यादा जरूरी है।

• • •

सफलता के लिए धैर्य का होना सबसे ज्यादा जरूरी है।

• • •

धैर्य एक ऐसी चीज है, जो सफलता हासिल करने में आपकी बहुत मदद करती है।

• • •

बहुत महत्त्वपूर्ण चीज, जो आप में होनी चाहिए, वह है—धैर्य।

• • •

धैर्य और आत्मविश्वास

बहुत जरूरी चीज, जो आप में होनी चाहिए, वह है—धैर्य और आत्मविश्वास।

• • •

धैर्य और दृढ़ता

एक लीडर के अंदर अधिक धैर्य व दृढ़ता होनी चाहिए और उसे वह सहन करने में सक्षम होना चाहिए, जो उसके कर्मचारी नहीं कर सकते।

• • •

धोखा

बिजनेस या जिंदगी में कभी किसी को धोखा न दें। सन् 1995 में मुझे चार कंपनियों द्वारा धोखा मिला था। आज वे चारों कंपनियाँ बंद हो गई हैं। एक कंपनी धोखेबाजी करके ज्यादा लंबे समय तक नहीं टिक पाएगी।

• • •

ध्यान

अगर जमीन पर नौ खरगोश हैं और आप एक को पकड़ना चाहते हैं तो एक पर ही ध्यान दें।

• • •

ओछे लोगों पर ध्यान न दें।

• • •

नकल

आपको अपने प्रतिद्वंदी से सीखने की जरूरत है, लेकिन उसकी नकल कभी नहीं करें। नकल की और आप खत्म।

● ● ●

नकारना

मैं यूनिवर्सिटी जाने के लिए हुई परीक्षा में फेल हुआ। मैंने 30 अलग-अलग नौकरियों के लिए आवेदन किया, लेकिन नकार दिया गया। मैं पुलिस में नौकरी के लिए गया। उन्होंने कहा कि तुम सही नहीं हो।

● ● ●

नजरिया

जब आपका नजरिया अलग हो तो जीतना आसान हो जाता है।

● ● ●

जब टीम बुद्धिमान लोगों से भरी पड़ी हो तो एक अनपढ़ का नेतृत्व करना सबसे बेहतर है। उस अनपढ़ के सोचने का तरीका अलग है। इससे सफल होना बहुत आसान हो जाता है, अगर आपके पास ऐसे लोग हों, जो चीजों को अलग-अलग नजरिए से देखते हों।

● ● ●

नाकाम

नाकाम होने से कभी घबराना नहीं चाहिए।

● ● ●

नाम

कंपनी के अच्छे नाम का चयन करें।

● ● ●

निवेश

50 से 60 साल की उम्र तक आपको युवा लोगों के लिए काम करना चाहिए। युवाओं पर विश्वास करें, उन पर निवेश करें। वे आपसे ज्यादा अच्छा काम कर सकते हैं। 60 साल की उम्र के बाद खुद के लिए समय देना चाहिए।

• • •

नेतृत्व

बुद्धिमान लोगों का नेतृत्व करने के लिए किसी मूर्ख की आवश्यकता होती है। जब टीम में सभी वैज्ञानिक हों तो सबसे अच्छा होगा कि कोई किसान नेतृत्व करे, क्योंकि उसके सोचने का तरीका अलग होगा।

• • •

नौकरी

मेरा काम है—लोगों को नौकरी पाने में मदद करना।

• • •

नौजवान

हम इसे बना लेंगे, क्योंकि हम नौजवान हैं और हम कभी भी हार नहीं मानेंगे।

• • •

पसंद

मैं व्यापार के अलावा और भी बहुत सी चीजें पसंद करता हूँ।

• • •

पागल

मैंने वर्ष 2002 में हार्वर्ड में एक भाषण दिया। मेरे भाषण के बाद एक कंपनी के सी.ई.ओ. ने कहा कि मैं पागल हूँ। उसने कहा कि वह चीन में कई साल तक रहा है और उसका मानना है कि मेरी तरह कंपनी को नहीं चलाया जा सकता। मैंने उसे 'अलीबाबा' आने का न्योता दिया। 'अलीबाबा' में तीन दिन बिताने के बाद उसने मुझसे कहा कि अब वह समझ गया। यहाँ काम कर रहे 100 लोग आपकी ही तरह पागल हैं।

• • •

पैसा

आज भले भी वित्त बाजार सही नहीं चल रहा है, पर मेरे पास पैसा है।

• • •

मैं नहीं चाहता कि चीन के लोगों के पास पैसा तो बहुत हो और उनके दिमाग हलके हों।

• • •

पैसा कमाना

आज पैसा कमाना बहुत आसान है, लेकिन जिम्मेदार रहते हुए और दुनिया को सुधारते हुए लगातार पैसा कमाना बहुत मुश्किल है।

• • •

मेरा काम पैसा कमाना और लोगों को पैसे कमाने लायक बनाना है।

• • •

पैसे

जब हमारे पास पैसे आने लगते हैं तो हम गलतियाँ करना शुरू कर देते हैं।

• • •

पैसेवाले

मैं पैसा खर्च करता हूँ, ताकि और लोग भी पैसेवाले बन सकें; क्योंकि सभी लोग इतने पैसे नहीं खर्च कर सकते, इसलिए मैं करता हूँ और यह एक सिर दर्द कर देनेवाला काम है।

• • •

प्रतिद्वंद्वी

अपने प्रतिद्वंद्वी से सीखें, कभी नकल न करें।

• • •

प्रतिस्पर्धा

कभी भी कीमतों पर प्रतिस्पर्धा न करें, बल्कि सेवाओं और इनोवेशन पर प्रतिस्पर्धा करें।

• • •

प्रयास

अगर आपने कभी प्रयास ही नहीं किया तो आप कभी भी कैसे जान पाएँगे कि कोई मौका है।

• • •

प्रेम

अगर ग्राहक आपसे प्रेम करता है तो सरकार को आपसे प्रेम करना ही पड़ेगा।

• • •

प्रेरणा

प्रेरणा से परिपूर्ण रहें।

• • •

प्रेरित

इससे फर्क नहीं पड़ता कि अतीत कितना कठिन है। आपके पास हमेशा वह सपना होना चाहिए, जो आपने पहले दिन देखा था। वह आपको प्रेरित रखेगा।

• • •

प्लान

बिजनेस शुरू करने का सबसे अच्छा प्लान यह है कि कोई प्लान न हो। बैठकर सोचने के लिए वक्त नहीं है।

• • •

फॉलो

30 साल की उम्र तक आपको किसी को फॉलो करना चाहिए।

• • •

फोकस्ड

'अलीबाबा' के बुरे दिनों में मैंने सीखा कि आपको टीम में वैल्यू, इनोवेशन और विजन डालना होता है। यह भी कि अगर आप हार नहीं मानते तो आपके पास एक और मौका होता है और जब आप छोटे होते हैं, आपको बहुत अधिक फोकस्ड होना होता है।

• • •

बाजार

चीनी लोग तथा युवा लोग बाजार में सामान लेने नहीं जाते और सभी दुकानदार मुझे पसंद भी नहीं करते।

• • •

बीअर

मेरे दोस्त स्टुअर्ट ने मुझसे कहा कि यह इंटरनेट है। इससे तुम जो चाहो, वह खोज सकते हो। मैंने इस पर हैरानी जताते हुए इंटरनेट पर जो पहला शब्द टाइप किया, वह बीअर (BEAR) था। जब बीअर सर्च किया तो मुझे अमेरिकी व जर्मन बीअर तो मिले, लेकिन चीन से जुड़ा कोई रिजल्ट नहीं मिला। यह मेरे लिए आश्चर्य की बात थी।

• • •

बेहतर परिणाम

जब मैं जो हूँ, केवल वह रहता हूँ, तब मैं खुश रहता हूँ, जिससे बेहतर परिणाम भी मिलते हैं।

• • •

बॉस

यह ज्यादा मायने नहीं रखता कि आप किस कंपनी में काम करते हैं; बल्कि यह महत्त्वपूर्ण है कि आपका बॉस कौन है। एक अच्छे बॉस

को फॉलो करना फायदेमंद होगा।

● ● ●

मदद

मेरा काम केवल अधिक-से-अधिक लोगों को काम मिलने में मदद करना है।

● ● ●

महिला कर्मचारी

हमारी कंपनी में बड़ी संख्या में महिला कर्मचारी हैं। कंपनी में 47 फीसदी महिलाएँ हैं। 21वीं सदी में अगर आपको जीत हासिल करनी है तो दूसरों को ताकतवर बनाइए। मुझे लगता है कि महिलाएँ खुद से ज्यादा दूसरों के बारे में सोचती हैं।

● ● ●

मानसिकता

आप अपने काम पर सुबह 8 बजे जाते हैं और शाम 5 बजे घर आते हैं। यह कोई हाईटेक कंपनी नहीं है और तब 'अलीबाबा' कभी नहीं सफल हो पाई होती। अगर हमारे दिमाग में किसी काम के लिए 8 से 5 तक वाली मानसिकता है तो हमें उस काम को छोड़कर किसी दूसरे काम की कोशिश करनी चाहिए।

• • •

मौके

जहाँ लोग सिखाते व करते हैं, वहीं मौके छुपे होते हैं।

• • •

जहाँ शिकायतें हैं, उन्हीं जगहों पर मौके निहित हैं।

• • •

यकीन

कोई भी जैक मा पर यकीन नहीं करना चाहता था।

• • •

युवा

युवा लोगों की मदद करें। छोटे लोगों की मदद करें, क्योंकि छोटे लोग बड़े होंगे। युवाओं के दिमाग में वह बीज होगा, जो आप उनमें बोएँगे—और जब वे बड़े होंगे, वे दुनिया बदल देंगे।

• • •

लक्ष्य

इससे फर्क नहीं पड़ता कि लक्ष्य कितना कठिन है। आपके पास हमेशा वह सपना होना चाहिए, जो आपने पहले दिन देखा था। वह आपको प्रेरित रखेगा और आगे बढ़ाएगा।

• • •

लीडरशिप

दुनिया को नए नेतृत्व की जरूरत है; लेकिन नए नेतृत्व का अर्थ है—साथ मिलकर काम करना।

• • •

लोकतंत्र

मैं चाहता हूँ कि ज्यादा-से-ज्यादा लोगों को लोकतंत्र के अर्थ के बारे में पता चले।

• • •

मैं चाहता हूँ, लोग जानें कि लोकतंत्र का अर्थ क्या है।

• • •

वैश्वीकरण

हमें वैश्वीकरण (ग्लोबलाइजेशन) के रास्ते पर चलते रहना चाहिए। वैश्वीकरण अच्छा है। जब व्यापार रुकता है तो जंग होती है।

• • •

शांतिपूर्ण वार्त्ता

एक शांतिपूर्ण वार्त्ता हमेशा कठिन और मुश्किल रही है।

• • •

शिष्टता

शिष्टता पर ध्यान केंद्रित रखें।

• • •

संकट

जब आपके पास 1 करोड़ डॉलर हैं तो आप पर संकट है, बहुत बड़ा सिर दर्द।

• • •

सपना

'अलीबाबा' बस, एक छोटी कंपनी नहीं है। यह एक सपना है। यह रोजगार का एक बीज है। वॉल स्ट्रीट के इन्वेस्टर्स बुरा-भला कहते हैं तो कहने दें। अगर वे ऐसा ही चाहते हैं।

इससे कोई फर्क नहीं पड़ता कि आप कितना पीछे हैं। आपके पास हमेशा वह सपना होना चाहिए, जो आपने पहले दिन से ही देखा था। वह आपको प्रेरित रखेगा और कमजोर विचार से आपको बचाएगा।

• • •

सपने

अपने सपने को जीवित रखें।

• • •

सपनों की महत्ता

पहले देखे गए सपनों को महत्ता देनी चाहिए। वे आपको प्रेरित करेंगे। हमें इससे फर्क नहीं पड़ना चाहिए कि हमारा पिछला लक्ष्य कितना कठिन था।

• • •

सफल लीडर

धैर्य और दृढ़ता एक सफल लीडर के आवश्यक गुण हैं।

• • •

सफलता

आपके लिए सफलता उतनी ही आसान होती है, जितने आपके पास चीजों को अलग-अलग नजरिए से देखनेवाले लोग हों।

• • •

समस्या

जहाँ समस्या है, उन्हीं जगहों पर अवसर मौजूद हैं; बस, देखनेवाली नजर चाहिए।

• • •

समाज

आप कभी नहीं जानते कि आप जो चीजें कर रहे हैं, वे समाज के लिए कितनी अर्थपूर्ण और कितनी महत्त्वपूर्ण हैं।

• • •

सम्मानित

मैं नहीं चाहता कि कोई मुझे पसंद करे; बल्कि मैं सिर्फ सम्मानित किया जाना पसंद करता हूँ।

सरकार

कभी भी सरकार के साथ व्यापार मत करो; बल्कि उनके साथ प्रेम करो, पर शादी कभी मत करो।

• • •

सर्वश्रेष्ठ

मैं जानता था कि चीन में मैं सर्वश्रेष्ठ नहीं हो सकता, इसलिए मैंने बिजनेस की दुनिया में कदम रखा।

• • •

सही लोग

आपको अपने साथ सही लोग चाहिए होते हैं, न कि सबसे बेहतर लोग।

• • •

साधारण इनसान

मैं बहुत ही साधारण इनसान हूँ, परंतु मैं स्मार्ट नहीं हूँ। हर कोई सोचता है कि जैक मा बहुत स्मार्ट व्यक्ति है। हो सकता है कि मेरा चेहरा देखने में स्मार्ट हो, मगर मैंने बहुत ही मूर्खोंवाला दिमाग पाया है।

• • •

सीख

हमें अपने प्रतियोगियों से सीखना चाहिए, लेकिन उनकी नकल कभी नहीं करनी चाहिए। जैसे ही आप नकल करते हैं, उसी समय आप खत्म हो जाते हैं।

• • •

सीखना

दूसरों की सफलता से सीखने की बजाय उनकी गलतियों और असफलताओं से सीखें; क्योंकि सफलता की अलग-अलग कई वजहें हो सकती हैं, लेकिन विफलताओं के कारण लगभग एक समान होते हैं।

• • •

हार

अगर आप हार नहीं मानते तो आपके पास एक और अवसर होता है। हार मान लेना सबसे बड़ी असफलता है।

• • •

कभी हार न मानें। आज मुश्किल है, कल बुरा होगा, लेकिन परसों रोशनी दिखेगी।

• • •

हीरो

मुझे अपनी कहानी, अपने सपने अमेरिका से मिले। मेरा हीरो फॉरेस्ट गंप था। मुझे वह पसंद था। मैंने वह मूवी दस बार देखी थी। मैं जब भी परेशान हो जाता था तो उस मूवी को जरूर देखता था।

□

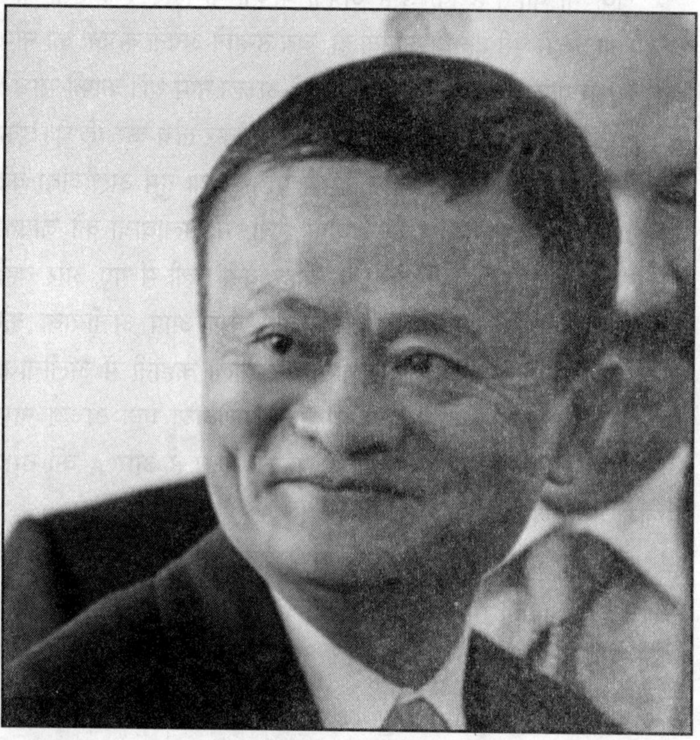

जैक मा चीन के तीसरे और विश्व के 21वें अमीर व्यक्ति हैं। वे आधुनिक युग के तकनीकी विशेषज्ञों में से एक हैं। वे 'अलीबाबा'

के संस्थापक हैं, जो दुनिया की सबसे बड़ी इ-कॉमर्स वेबसाइट्स में से एक है।

जैक मा नौ साल तक अपनी अंग्रेजी का अभ्यास करने के लिए क्षेत्र के पर्यटकों को पर्यटन देने के लिए अपनी साइकिल पर 70 मील की दूरी तय करते रहे। उनका बचपन का नाम 'मा यों' था। विदेशी उनका नाम ढंग से बोल नहीं पाते थे तो किसी विदेशी ने उन्हें 'जैक' उपनाम दिया।

जैक मा कहते हैं कि उन्हें अपनी कंपनी के लिए एक ऐसा नाम चाहिए था, जिसे पूरी दुनिया जानती हो, जब उन्होंने अपनी कंपनी का नाम रखा, उससे पहले 'याहू' दुनिया का सबसे अच्छा नाम था। काफी सोचने के बाद उन्हें एक नाम मिला, जब वह कहीं बैठकर लंच कर रहे थे। एक वेट्रेस उनके पास आई तो उन्होंने उससे पूछा, 'क्या तुम अलीबाबा को जानती हो?' मुसकराते हुए उसने कहा, 'जी, मैं अलीबाबा को जानती हूँ।' उसके बाद जैक मा रेस्टोरेंट के बाहर बनी गली में गए और वहाँ कम-से-कम बीस लोगों से उन्होंने पूछा, 'क्या आप अलीबाबा को जानते हैं?' सभी ने कहा कि चालीस चोर वाली कहानी में अलीबाबा हीरो था। इस तरह उन्होंने सेट किया कि अलीबाबा एक अच्छा नाम है। A इंग्लिश अल्फाबेट्स का सबसे पहला अक्षर है और A की तरह अलीबाबा हमेशा टॉप पर रहा है।

जैक मा कहते हैं कि ग्राहक हमें पैसे का भुगतान करता है, जिस पैसे से हम मुनाफा कमाते हैं और मुनाफा हमारे साथ काम करनेवाले लोगों की तनख्वाह होता है। हमारे साथ काम करनेवाले लोगों की तनख्वाह C से निकलती है।

जैक मा आधुनिक युग के तकनीकी विशेषज्ञों में से एक हैं। वे 'अलीबाबा' के संस्थापक हैं, जो दुनिया की सबसे बड़ी इ-कॉमर्स वेबसाइट्स में से एक है। 'अलीबाबा' के सह-संस्थापक और चीन के जाने-माने कारोबारी जैक मा ने भले ही अपने 55वें जन्मदिन पर 'अलीबाबा' कंपनी के सी.ई.ओ. पद से इस्तीफा दे दिया हो, लेकिन 'अलीबाबा' को हमेशा 'जैक मा' के नाम से जाना जाएगा।

1. एक अच्छा नाम

नाम पहचान होता है, चाहे वह किसी व्यक्ति का हो, किसी संस्था, किसी फर्म, किसी फिल्म या किसी पुस्तक का; हम नाम सुनकर ही अंदाजा लगा लेते हैं यह फिल्म, यह पुस्तक कॉमेडी है, गंभीर है या कोई सस्पेंस थ्रिलर। मान लीजिए, आप किसी गली से गुजर रहे हैं, वहीं आपके पीछे से कोई आवाज आती है—गजोधर। जब आपके कानों में यह नाम पड़ता है तो आप बिना पीछे मुड़े ही एक छवि तैयार करते हैं कि जरूर कोई मूर्ख ही इस नाम के पीछे होगा! ज्यादातर फिल्म नाटकों

में हास्य किरदारों के नाम भी उसी हिसाब से रखे जाते हैं। हम महान् राजाओं के नाम देखें तो उनके नाम बहुत लंबे और प्रभावी होते हैं, जैसे सम्राट् पृथ्वीराज चौहान, महाराणा प्रताप सिंह।

नाम हमेशा आकर्षक और सुंदर होना चाहिए, जो ज्यादा-से-ज्यादा लोगों को अपनी ओर आकर्षित कर सके और लोग उसे जानते हों।

किसी कंपनी, फर्म या व्यवसाय के लिए उसका एक अच्छा नाम होना बहुत जरूरी चीजों में से एक है।

2. अपने ग्राहकों का ध्यान रखिए

उपभोक्ता किसी भी व्यापार की सबसे महत्त्वपूर्ण कड़ी है, अगर उपभोक्ता न हो तो उत्पादन किसके लिए होगा? बड़ी-बड़ी कंपनियों में बहुत से शेयरहोल्डर्स बहुत से कर्मचारी होते हैं, जिनकी प्रत्यक्ष भागीदारी होती है पर एक अप्रत्यक्ष व्यक्ति, जो कंपनी या किसी फर्म से बना हुआ सामान खरीदता है, वह किसी भी कंपनी के लिए सबसे ज्यादा महत्त्वपूर्ण होता है।

जब किसी व्यवसाय की शुरुआत होती है तो बहुत सारे शेयर होल्डर्स या फिर एक व्यक्ति अपनी पूँजी लगाकर एक व्यापार शुरू करता है। यह किसी व्यवसाय का पहला चरण है। छोटे या बड़े स्तर पर वह अपने साथ ज्यादा या कम कर्मचारी रखता है, जो उसकी मदद कर सकें। यह किसी भी व्यापार का दूसरा चरण है। तीसरा चरण है उपभोक्ता ढूँढ़ना; लेकिन जब व्यवसाय शुरू हो जाता है तो चरण बदल जाते हैं। एक अच्छे व्यापारी के लिए उपभोक्ता सबसे प्रथम श्रेणी पर रखा जाना चाहिए। दूसरी पर कर्मचारी और शेयरहोल्डर्स तीसरे नंबर पर होने चाहिए।

अधिकतर हम यह गलतफहमी रखते हैं कि एक बड़ी भागीदारी शेयरहोल्डर्स की है; लेकिन जब व्यवसाय में उतार-चढ़ाव आते हैं। मान लीजिए, आपका बिजनेस घाटे में जाता है तो आपके शेयरहोल्डर्स व्यवसाय से अलग होने की माँग करने लगते हैं। चाहते हुए भी आप अपने कर्मचारियों को वेतन नहीं दे पाते और आपको अपना स्टाफ कम करना पड़ता है। ऐसी स्थिति में विश्वास उन्हीं लोगों पर किया जा सकता है, जो अब भी आपके उपभोक्ता हैं। आपके अच्छे उपभोक्ता आपको कभी नहीं छोड़ते और उन्हीं के दम पर आप फिर से दोबारा खड़े हो सकते हैं।

हर व्यवसाय को चलाने के लिए उपभोक्ता सबसे जरूरी होता है। किसी भी प्रतियोगिता में बने रहने के लिए बेहतर उपभोक्ताओं की

संख्या महत्त्वपूर्ण भूमिका निभाती है। चाहे बात ऑनलाइन स्टोर की हो, दुकानों की हो, बिक्री के माध्यम से मिलनेवाली राशि के आँकड़ों पर किसी भी व्यवसाय का मुनाफा जुड़ा होता है। आपकी कंपनी को ऐसा होना चाहिए कि वह सभी का ध्यान अपनी ओर आकर्षित कर सके। लोग ज्यादा-से-ज्यादा आपकी कंपनी और उत्पाद के बारे में जानें। आप अपनी उपस्थिति को स्पष्ट बनाएँ, जिससे उपभोक्ताओं का ध्यान आपके ऊपर जाए। ब्रांड जागरूकता का निर्माण करने के लिए स्थानीय वितरण रणनीतियों को चुनें। विज्ञापनों और प्रत्यक्ष मेले ऐसे बहुत से रचनात्मक कार्य हो सकते हैं, जिनसे हम अपने उत्पाद के प्रति लोगों में जागरूकता बढ़ा सकें।

जब उपभोक्ता को यह विश्वास हो जाएगा कि आप हमेशा अपने उत्पाद को लेकर जागरूक हैं और समय पर उन्हें हमेशा उपलब्ध कराएँगे तो उपभोक्ताओं की सूची अपने आप बढ़ेगी।

ग्राहकों की ज्यादा आवाजाही सुनिश्चित करें। आपको यह भी पता करना आवश्यक है कि ग्राहक आपके उत्पादों और सेवाओं से खुश हैं या नहीं। अपने नियमित ग्राहकों के लिए योजनाएँ बनाएँ और हमेशा उन्हें अपने साथ बनाए रखें, जब आपके ग्राहक आपके पास आएँगे तो धीरे-धीरे उस दर में बढ़ोतरी होगी। नियमित ग्राहकों के लिए ऑफर्स व स्कीम्स और विशेष छूट महत्त्वपूर्ण भूमिका निभाती हैं, अगर उपभोक्ता लगातार आपके पास आते हैं तो यह किसी भी व्यवसाय की नींव का आधार है। ग्राहकों का बार-बार आना एक सफल उद्यम की नींव या आधार है। अपने उत्पादों के नमूने दें या अपनी सेवाओं का प्रदर्शन करें। यह उन चीजों को प्रचलित करने का बहुत अच्छा तरीका है, जो आप अपने ग्राहकों की सेवा में प्रस्तुत करना चाहते हैं। इस तरीके से आप अपनी ब्रांड-दृश्यता बढ़ा सकते हैं।

जैक मा कहते हैं कि ग्राहक हमें पैसे का भुगतान करता है, जिस पैसे से हम मुनाफा कमाते हैं और मुनाफा हमारे साथ काम करनेवाले लोगों की तनख्वाह होता है। हमारे साथ काम करनेवाले लोगों की तनख्वाह उसी से निकलती है। वे कहते हैं कि उन्हें याद है, जब लोगों ने कहा था कि जैक ने हमें शेयर्स दिए। हम लंबे समय तक व्यापार के शेरहोल्डर्स रहेंगे। यह तब की बात है, जब कंपनी मुनाफे में थी। जब कंपनी में संकट आया तो सभी लोग छोड़कर चले गए। मेरे साथ रहे तो मेरे कर्मचारी और मेरे उपभोक्ता।

3. असफलता हमारी स्वीकार्यता पर निर्भर करती है

व्यक्ति महान् हो या साधारण, दो चीजें उसके साथ हमेशा जुड़ी रहती हैं—कामयाबी और नाकामयाबी। कामयाब एक बड़ा बिजनेसमैन, जिसने अपने देश और विदेश में नाम कमाया है, वही नहीं होता, ऐसा व्यक्ति, जो रोज सब्जी का ठेला लगाता है, जो ऑटो चलाता है, जो बाल काटता है, सभी के अपने क्षेत्र हैं और सभी के साथ जुड़ी हुई कामयाबी और नाकामयाबी की कहानियाँ हैं। एक सब्जीवाले के लिए एक बेहतर जगह चुनना, उसकी आवाज में वह ताकत हो, जो कि सभी का ध्यान अपनी ओर आकर्षित कर सके, उसके अंदर इस हुनर का होना कि दूसरे सब्जीवाले के बजाय उसके पास जो सब्जी है, वह ज्यादा बेहतर है। ऐसी छोटी-छोटी बातें उसे कामयाब बनाती हैं और यह सब वह अपने अनुभव या किसी को देखकर ही सीखता है। एक ही रूप से पैदा होनेवाले बच्चे एक ही उम्र पर चलना और बोलना सीखते हैं। एक ही जैसी पढ़ाई पढ़कर कोई कामयाबी के झंडे गाड़ता है और कोई सिर्फ लोगों को अपनी असफलताओं के किस्से सुनाता है। यह कहना निराधार है कि एक सफल व्यक्ति के पीछे असफलताएँ नहीं हैं। वह

असफलताओं को पीछे छोड़कर सफलता की सीढ़ियाँ चढ़कर शिखर तक आया है।

जैक मा नौ साल तक अपनी अंग्रेजी का अभ्यास करने के लिए, क्षेत्र के पर्यटकों को पर्यटन की जानकारी देने के लिए अपनी साइकिल पर 70 मील की दूरी तय करते रहे। उनका बचपन का नाम 'मा यों' था। विदेशी उनका नाम ढंग से बुला नहीं पाते थे तो किसी विदेशी ने उन्हें 'जैक' उपनाम दिया।

तीन साल तक वह यूनिवर्सिटी में दाखिला पाने के लिए प्रयास करते रहे। नौकरी पाने के लिए उन्होंने तीस बार आवेदन किया और हर बार रिजेक्ट हुए। उन्होंने पुलिस की नौकरी करनी चाही तो वहाँ से उन्हें कहा गया कि आप पुलिस की नौकरी में परफेक्ट नहीं बैठते। वह बताते हैं—पाँच लोग थे, जो पुलिस की नौकरी के लिए गए थे। चार को नौकरी मिल गई थी। जो रह गया था, वह जैक था। जब उनके शहर में नया-नया KFC आया तो वहाँ वह इंटरव्यू देने के लिए गए थे। चौबीस लोगों के साथ उन्होंने इंटरव्यू दिया था। चौबीस में से तेईस लोगों को नौकरी मिल गई, सिर्फ अकेले जैक थे, जिन्हें रिजेक्ट कर दिया गया। उनकी बहुत इच्छा थी कि वह हार्वर्ड यूनिवर्सिटी में पढ़ें। उन्होंने दस बार हार्वर्ड यूनिवर्सिटी के लिए आवेदन किया और दसों बार उन्हें रिजेक्ट कर दिया गया, लेकिन रिजेक्शन से उनका मनोबल नहीं गिरा। उन्होंने खुद से कहा कि मुझे यहाँ से रिजेक्शन मिला है, वह इसलिए, क्योंकि मुझे यहाँ पढ़ना नहीं है, किसी दिन मुझे यहाँ पढ़ाना है। 'अलीबाबा' की स्थापना से पहले उन्होंने दो और व्यवसायों के लिए प्रयास किया, लेकिन दोनों ही विफल रहे।

निश्चित तौर पर ये सभी बातें बताते हुए जैक हर किसी के सामने मुसकराए हैं। मुसकराते हुए उनकी संघर्ष की कहानी हर किसी के लिए

प्रेरणा का कारण बनी है, पर जब वह असफल हो रहे थे तो क्या वह इतना ही मुसकराए थे? क्या हम इतना ही मुसकरा पाते हैं, जब असफल होते हैं? निराशा हमें चारों तरफ से घेर लेती है और हम सोचने लगते हैं, अगर दुनिया सोचती है कि हम किसी चीज के काबिल नहीं हैं तो शायद हम किसी चीज के काबिल हों ही न। युवा वर्ग की आत्महत्या का एक लंबा-चौड़ा आँकड़ा पूरे विश्व भर में मिलता है, जो एक या दो बार नाकामयाब होकर जीना ही नहीं चाहता। जैक का मनोबल कितना असाधारण रहा होगा कि उन्होंने कभी नहीं स्वीकारा कि वह अस्वीकृत हैं! हर बार एक नई ऊर्जा के साथ उन्होंने दूसरी शुरुआत की।

हमें सीखना चाहिए जैक मा जैसे लोगों से। असफलता हमारे ऊपर तब हावी होती है, जब हम इसे स्वीकृति देते हैं, अगर हम उसे स्वीकार न करें तो दुनिया का कोई भी व्यक्ति न तो हमें असफल घोषित कर सकता है, न ही सफलता के दरवाजे हमारे लिए बंद कर सकता है। वे तब तक खुले हैं, जब तक हमने खुद को असफल नहीं माना।

असफल लोगों की कहानियाँ हमें बहुत कुछ सिखाती हैं। अपनी असफलताओं के प्रति कृतज्ञ रहिए, जो आगे चलकर आपको अच्छे परिणाम देंगी। जैक मा ने लगातार अपने जीवन में गलतियाँ कीं और रिजेक्ट हुए। रिजेक्ट होना, फेल होना लोगों के लिए बहुत सामान्य सी बात है; पर यह बहुत परेशान करता है। यह बहुत पीड़ादायी होता है, जब आप रिजेक्ट होते हैं। लोग आपकी क्यों सहायता करें? आप चारों तरफ पैसा ढूँढ़ते हैं, लेकिन कोई आपको पैसा देने के लिए तैयार नहीं होता। आप साझेदार ढूँढ़ते हैं, लेकिन कोई आपके साथ मिलकर काम नहीं करना चाहता। आप खुद को साबित करिए, तब लोग आपकी सहायता करते हैं। लोग सफल होने की कहानियाँ पढ़ना चाहते हैं। सफल होने की कहानियाँ इसलिए बन पाती हैं, क्योंकि उन लोगों ने अपने जीवन में बहुत सी गलतियाँ कीं। हम सभी को अपनी गलतियों से सीखना चाहिए। सफलता की कहानी यूनिवर्सिटी में बैठकर पढ़ी जा सकती है, लेकिन गलतियाँ अपने जीवन में करके ही आप कुछ सीख सकते हैं। आपको पढ़ना हो तो असफल लोगों को पढ़िए। अपनी गलतियों को नजरअंदाज मत कीजिए, उनसे सीखिए। कभी हार मत मानिए और दोबारा लड़िए।

4. सपने सच होते हैं

भविष्य से हमारी आशाएँ होती हैं और हम इसके लिए हमेशा चिंतित रहते हैं। आपके पास बड़े पिता नहीं हैं। आप बहुत शिक्षित नहीं हैं। आप किसी भी बड़ी यूनिवर्सिटी में पढ़ने के लिए वह पैसा भी देना चाहते हैं, जो आपके लिए देना बहुत मुश्किल है। आप सोचते हैं कि आप वहाँ से सफल होकर निकलेंगे, लेकिन आप रिजेक्ट कर दिए जाते हैं, लेकिन फिर भी आप सोचते हैं कि बेहतर भविष्य आपके लिए इंतजार कर रहा है।

जैक कहते हैं, मैं साबित करना चाहता था खुद को। मैं शायद इतना स्मार्ट नहीं था कि कोई मुझ पर विश्वास करे कि मैं सफल हो सकता हूँ। हाँ, यह हर एक आदमी कहता था कि यह बहुत अलग सोचता है। बहुत पागलपन वाली बातें करता है। मैं सहमत था उनसे पर मैं विश्वास करता था, जब मैं अमेरिका गया तो मैंने कंप्यूटर देखा। यह एक बड़ी चीज हो सकती है, पर मैंने नहीं सोचा था कि वह इतना बड़ा होगा! लोग मुझसे पूछते हैं, शुरुआत में मेरे पास एक बड़ा विजन था? तो मैं कहता हूँ कि नहीं, मेरे पास कोई बड़ा विजन नहीं था। मैंने नहीं सोचा था। मैं अपने लिए कोई अच्छी नौकरी तलाश नहीं कर पाया था।

लेकिन इतिहास में जितने भी महान् लोग हुए, उनमें एक समानता है। वे हमेशा आशावादी थे। भविष्य के लिए उन्होंने कभी शिकायत नहीं की। वे हमेशा तैयार थे दूसरों की समस्या का समाधान करने के लिए। ऑप्शन सबके लिए एक से होते हैं। लोग शिकायत करते हैं। शिकायत मत करिए। धैर्य के साथ सोचिए और ऐसे लोगों को ढूँढ़िए, जो आपके साथ काम कर सकते हैं। जो लोग आपके साथ काम करते हैं और आपके सपनों में विश्वास करते हैं, तब कोई फर्क नहीं पड़ता कि आपके फाइनेंसर आप पर विश्वास करते हैं या नहीं, आपके माता-पिता आप पर विश्वास करते हैं या नहीं, आपके दोस्त आप पर विश्वास

करते हैं या नहीं। आप विश्वास करते हो, आपकी टीम विश्वास करती है और आप लोग दिन-रात उस सपने को पूरा करने के लिए जुटे हुए हैं तो चीजें होती हैं। शुरुआती दौर हमेशा एक लाइन से शुरू होता है, उसी लाइन पर खड़े होकर हर व्यक्ति अपने जीवन की शुरुआत करता है। बहुत ज्यादा अपेक्षा दुविधा में डालती है। सबसे जरूरी यह है कि आप कभी शिकायत नहीं करते। आप युवा हैं, आपको शिकायत का मौका नहीं दिया जाएगा। वे लोग शिकायत करते हैं, जो असफल होते हैं। सोचिए कि आप किसी भी चीज को बेहतर कैसे बना सकते हैं? यह आप सिर्फ अपने दिमाग से सोच सकते हैं। एक्शन लीजिए। हर दिन नया होता है। हर दिन काम पर जाने के लिए नहीं होता, अपने विचार पर काम करने के लिए होता है।

अपने सपनों को जिंदा रखें, क्योंकि किसी-न-किसी दिन वह जरूर होगा, जो आप सोचते हैं।

5. दुनिया संभावनाओं से भरी है

मैंने 'अलीबाबा' की शुरुआत अपने अपार्टमेंट में की। मैं अमेरिका

से वापस गया और मैंने अपने सभी दोस्तों को बुलाया तथा दो घंटे तक उनको समझाया कि मैं क्या करना चाहता हूँ और उन्होंने कहा कि भूल जाओ, यह काम नहीं करेगा। ऐसी कोई चीज दुनिया में नहीं होती, सिर्फ एक आदमी था, जिसने कहा कि अगर तुम प्रयास करना चाहते हो तो करो, अगर कुछ गलत हो तो तुम वापस आ जाओ। पूरी रात सोचने के बाद मैंने कहा, 'मैं यह करूँगा।' ज्यादातर लोगों के पास रात में बहुत अच्छे विचार होते हैं, लेकिन वे सुबह उठते हैं और उसी नौकरी पर वापस चले जाते हैं।

अपना हमेशा अच्छा मत कीजिए, हमेशा सबसे पहला काम कीजिए। चुनौती लीजिए, सबसे पहले मजबूत बनिए। मजबूती से समस्याओं से लड़नेवाला हर एक इनसान यूनिक होता है। सफलता की यही चाबी है। आज से दस साल पहले भी दुनिया चुनौती और अवसरों से भरी हुई थी और आज से दस साल बाद भी दुनिया चुनौती और अवसरों से भरी हुई होगी। हमेशा निर्भर करता है कि आप कैसे देखते हैं? कुछ लोग चुनौती को आशावादी होकर देखते हैं, कुछ निराशावादी। बड़ी चुनौती लीजिए, अगर चुनौती छोटी है तो आपके पास एक छोटी संभावना है, अगर लक्ष्य बड़ा है तो आपके पास बड़ी संभावनाएँ हैं। जीवन एक यात्रा है। हम इस दुनिया में आए हैं, एंजॉय करने के लिए आए हैं। दूसरों की सहायता और खुद को खुश रखने के लिए, अगर आप हाथ खड़ा करें और कहें कि आप बहुत खुश हैं और आप बहुत स्वस्थ हैं तो जरूरी नहीं कि यह सच हो, अगर आप खुश और स्वस्थ हैं तो वह दिखाई देता है। आगे आनेवाले समय में शायद जिंदगी बहुत अधिक बदल जाएगी। टेक्नोलॉजी और उन्नत होगी, जिसके सहारे हम ज्यादा सालों तक जीवित रह सकते हैं; लेकिन ज्यादा दिनों तक जीवित रहना इस बात का कतई प्रमाण नहीं है कि हम बहुत स्वस्थ और खुश हैं।

एक चीज पर विश्वास करना सीखिए, अगर आप अपने लिए काम करते हैं तो आप समाज के लिए काम करते हैं, अगर आप अपने लिए काम नहीं कर पाए तो आप समाज को भी कभी कुछ नहीं दे सकेंगे। दूसरों के बारे में सोचिए। दूसरे लोग अगर खुश होंगे तो आप खुश होंगे। दूसरे लोगों को आगे बढ़ने का मौका दीजिए।

जब मैं 14 साल का था तो नहीं जानता था कि मैं क्या करूँगा या कि मैं एक बिजनेसमैन बनूँगा! मैंने कभी नहीं सोचा था, मैं एक शिक्षक होऊँगा यह भी नहीं। जीवन बहुत खूबसूरत है, लेकिन उसके साथ वह

चुनौतीपूर्ण भी है। हर व्यक्ति मेहनत करता है, अपने सपनों को साकार करने के लिए ट्रक ड्राइवर्स, कर्मचारी, गेम खिलाड़ी—सब मेहनत करते हैं। कोई भी टेक्नोलॉजी के बिना अपने सपने पूरे नहीं कर सकता। टेक्नोलॉजी चेंज द वर्ल्ड बट ड्रीम बिहाइंड द टेक्नोलॉजी। विश्व को अगर टेक्नोलॉजी परिवर्तित करती तो मैं यहाँ कभी नहीं होता। मैं कंप्यूटर के बारे में कुछ भी नहीं जानता था, इंटरनेट के बारे में कुछ नहीं जानता था। मेरे पास सिर्फ एक सपना था। अपने सपने को पूरा करने के लिए मेहनत करिए। दुनिया भविष्य से संबंधित है, युवा लोगों से संबंधित है और उसमें बहुत संभावनाएँ हैं।

6. भविष्य

25 साल की उम्र गलतियाँ करने की होती है। गलती कीजिए, गिरिए, सीखिए; गिरिए, फिर सीखिए। 30 से 42 साल की उम्र में आप समझ जाते हैं कि आप क्या करना चाहते हैं! 42 से 50 थिंक अबाउट कि कैसे-कैसे आप चीजों पर फोकस कर सकते हैं। 50 से 60 वर्ष का होने पर आप युवा लोगों के लिए काम कीजिए, क्योंकि युवा आपसे बेहतर कर सकते हैं। उनके ऊपर निवेश कीजिए। वे आपको जरूर अच्छे परिणाम देंगे। 60 की उम्र ग्रैंडपेरेंट्स बनने की है। भविष्य में ज्ञान का प्रतियोगिता नहीं होगी। प्रतियोगिता होगी रचनात्मकता की कि आप कितना नया विकसित कर सकते हैं। कल्पना की प्रतियोगिता होगी। सीखने की प्रतियोगिता नहीं होगा, प्रतियोगिता होगी स्वतंत्र विचारों की, अगर आप मशीनों की तरह सोचते हैं तो आप बिल्कुल गलत जा रहे हैं। पिछले 25 सालों में आदमी ने मशीनों की तरह सोचा है, लेकिन अगले 25 सालों में मशीनें आदमी की तरह सोचेंगी। भविष्य जानकारी वाले बच्चों का नहीं होगा, स्वतंत्र सोचवाले बच्चों का होगा, अनुभववाले बच्चों का होगा। अतीत ज्ञानी और निर्माणकर्ता बच्चों का था। भविष्य रचनात्मक

बच्चों का होगा। अगले 30 सालों में दुनिया बदल जाएगी, सबकुछ बदल जाएगा। हमें केवल आई.क्यू. के बारे में नहीं सोचना है, हमें IQ के बारे में भी सोचना है, जब आप दूसरों की कद्र करोगे, सफलता की कद्र करोगे, तभी आपका आगे बढ़ने का मौका होगा।

7. स्टे फोकस्ड

हर किसी के पास एक अच्छी कहानी होती है। सबके पास अपनी समस्या होती है; लेकिन बहुत कम लोग होते हैं, जो आपको सुनते हैं! जब आप सफल होते हैं, लोग आपको सुनते हैं, कहते हैं, 'वाओ, आप बहुत ग्रेट हैं।' पर मैं इनवेंटर नहीं हूँ। हर कोई आपको रिजेक्ट करने के बहाने सोचता है, न कि आपकी स्वीकार्यता के बारे में, पर कभी पराजय की मत सोचिए। आशावादी बनिए, फोकस्ड रहिए, तब भी, जब आप स्वीकार नहीं किए जाते, पर एक दिन किए जाएँगे। लोगों की मदद करिए, शिकायत मत करिए, जब मैं युवा था, मैं सोचता था कि जितने भी सफल लोग हैं, सबके पास अवसर है, लेकिन मेरे पास नहीं पर ऐसा नहीं है, अगर हम फोकस्ड हैं, हमें एक सपोर्ट करते हैं आगे बढ़ने के लिए। जैक ने कभी नहीं सोचा था कि वे यहाँ होंगे। 18 साल बाद 'अलीबाबा' यहाँ इसलिए नहीं कि वह स्मार्ट थे। वह इसलिए यहाँ है, क्योंकि उन्होंने बहुत सारे स्मार्ट लोगों के साथ काम किया, जो सफल होने के लिए कुछ भी करने को तैयार थे और बहुत जल्दी तैयार थे और अपने लक्ष्य के प्रति केंद्रित थे। यह सिर्फ आज सफल होने के बारे में नहीं था। हर समय वह जो करते थे, आगे आनेवाले दस साल के लिए होता था, अगर हमें सफल होना है तो हमें स्मार्ट लोगों के साथ काम करना होगा, अगर हमें सफल होना है तो हमें गलतियाँ करते रहना होगा। उन गलतियों से सीखना होगा, बजाय समर्पण किए, अगर आप कभी यह सोचते हैं कि आज आप असफल हैं, दूसरों की गलतियों की वजह से तो आप कभी

सफल नहीं बन सकते। जो सोचता है कि मैं असफल हूँ अपनी गलतियों की वजह से, वह हमेशा आगे बढ़ता है। उसके पास आशा होती है। वह खुद को सुधारता है; न केवल सुधारता है, दूसरे लोगों की गलतियों से भी सीखता है। यही जीवन की सोच होनी चाहिए, जब हम ऐसा सोचते हैं तो इसके आदी हो जाते हैं और वही हमारा नजरिया बनता है। पागलपन वाले निर्णय लीजिए और उन्हें फॉलो कीजिए।

'अलीबाबा' लोगों के दिमाग में था, जो बिना धन और बिना टेक्नोलॉजी के 18 लोगों ने डिजाइन किया था। सभी इंटरनेट इस्तेमाल करना चाहते थे। एक छोटा बिजनेस डालने के लिए यही आइडिया था। 18 साल के बाद 'अलीबाबा' आज बहुत बड़ी कंपनियों का समूह है। हम सौभाग्यशाली रहे, क्यों रहे, क्योंकि हमने अपना लक दूसरों को बाँटा। हमने लोगों की मदद की और लोगों ने हमारी मदद की। 'अलीबाबा' ने चीन में जन्म लिया पर ये चीनी नाम नहीं है। यह अरेबिक नाम है। हमने पैसा केवल चीन के लिए नहीं कमाया, लोगों के लिए, पूरे विश्व के लिए कमाया। हमने हमेशा इसी तरह सोचा कि हम सबके लिए काम करेंगे। हमारी कंपनी आज बड़ी है। हमने कोशिश की कि हम बहुत ज्यादा नौकरियाँ दे सकें। हमने बहुत कुछ किया चीन, साउथ एशिया, भारत, अमेरिका, रूस में।

चीन में किसी भी ऑनलाइन शॉपिंग पर विश्वास नहीं किया जाता, सब फेस टू फेस नेटवर्क में ही रहना पसंद करते हैं। यह एक विश्वास सिस्टम है, जहाँ 30 मिलियन ट्रांजेक्शन रोज होती हैं। इसका मतलब यह है कि आप ऐसे लोगों से चीजें खरीद रहे हैं, जिन्हें आप नहीं जानते हैं, जिन्हें आपने कभी नहीं देखा। आप उसे उत्पाद देते हैं, जिस इनसान से आप कभी नहीं मिले और जिसके पास आप कभी अपने उत्पाद लेने के लिए नहीं जाएँगे, यह सारा खेल विश्वास का है।

'अलीबाबा' समूह के संस्थापक जैक मा ने साबित कर दिया कि

चीन जैसे कम्युनिस्ट देश में भी एक व्यवसायी सफल हो सकता है और करोड़ों लोगों की जिंदगी बदल सकता है।

"एक डायरेक्टर के तौर पर मेरे पास बहुत से विचार हैं; लेकिन मैं सभी के लिए 'हाँ' नहीं कह सकता। 5,000 अवसर रोज मेरे पास होते हैं, लेकिन सभी को स्वीकार नहीं किया जा सकता, जब कोई मेरे पास आ आता है और कहता है कि मेरे पास आइडिया है कि हम बहुत सा पैसा कमा सकते हैं; तो मैं फोकस्ड हूँ, पैसे के लिए नहीं।"

8. अपनी संस्कृति को ध्यान में रखें

संस्कृति टेक्नोलॉजी नहीं है। टेक्नोलॉजी एक टूल है, जिससे हम चीजें बना सकते हैं, अपने जीवन को और सुविधाजनक कर सकते हैं। हमारी कंपनी की 18 लोगों से शुरुआत हुई और आज लगभग 20,000 युवा लोग हमसे जुड़े हुए हैं। हमने हमेशा फोकस किया है वैल्यू पर और इस बात पर कि हम हमेशा एक-दूसरे की सहायता करें, न कि सिर्फ पैसा बनाएँ।

जैक कहते हैं कि उनकी यूनिवर्सिटी का प्रचलन था कि अगर कोई बच्चा वहाँ से ग्रैजुएशन करता तो उसे वहाँ पढ़ाना होता। मैं ग्रैजुएट हो चुका था तो मेरे प्रेसिडेंट ने मुझे बुलाया। मैं पढ़ाना नहीं चाहता था। उन्होंने कहा कि 'तुम्हें याद है, तुमने क्या वादा किया था? तुम्हें छह साल तक यहाँ पढ़ाना होगा।' मैंने बिना मन के वहाँ पढ़ाना शुरू किया। कुछ वादों की वजह से मैं यूनिवर्सिटी में शिक्षक बन शांत हुआ। मैंने सीखा कि शिक्षक कैसा होता है? मैंने संप्रेषण करना सीखा। युवा लोगों के साथ रहकर मेरा दिमाग परिवर्तित हुआ और मेरे सारे संशय दूर हो गए। छह साल में मेरे अंदर बहुत सारे बदलाव हुए, जिनमें आशावादी होना सबसे

बड़ा बदलाव था और मैंने वैल्यूज को महत्त्व देना सीखा। छह साल बाद मैंने अपनी टीम बनाई। आपकी पहली नौकरी आपके लिए सबसे ज्यादा महत्त्वपूर्ण होती है। इस बात से फर्क नहीं पड़ता कि कंपनी का नाम कितना बड़ा है? या आपका बॉस कैसा है? आप सीखते हैं कि चीजों को सही कैसे करना है? चीजों को प्रॉपर कैसे करना है? स्थिर होना क्या है?

जब हम 23 साल के होते हैं, हमारे पास बहुत सारे विचार होते हैं; लेकिन हमको नहीं पता होता कि हम क्या करना चाहते हैं? वैल्यू, विश्वास, स्वतंत्र सोच, टीमवर्क, सावधानी आदि हमारे जीवन के बहुत सॉफ्ट हिस्से हैं। इन्हें हमेशा अपने अंदर बनाए रखें। यही एक चीज है, जो हमें मशीनों से अलग बनाती है।

अगर हम इन सब चीजों को साथ लेकर चलेंगे तो हमेशा अपनी संस्कृति से जुड़े हुए रहेंगे।

9. शिक्षा

समय तेजी से बदल रहा है। समय के साथ हमें शिक्षा व्यवस्था भी बदलनी होगी। मैं इंग्लिश का शिक्षक था। मेरे समय में हमारे देश में इंग्लिश हम सीख रहे थे। मुझे जो इंग्लिश पढ़ाती थीं, वह गणित की शिक्षक थीं। वह सुबह को ABC पढ़तीं। स्कूल आकर हमें पढ़ातीं। एक दिन उन्होंने कहा था, "जैक, तुम्हारा उच्चारण मुझसे ज्यादा अच्छा है।" कभी-कभी मैं सोचता हूँ, मैं अच्छा कर पाया, क्योंकि अच्छे शिक्षक मेरे साथ थे। जिस विषय के शिक्षक अच्छे नहीं होते, बच्चे उस विषय से प्यार नहीं कर पाते। मैं जिन लोगों के साथ पढ़ा था, 20 साल बाद आज मैं देखता हूँ, वे जो मेरे साथ स्कूल व कॉलेज में टॉप पर थे, मैं उन सभी से तेज दौड़ रहा हूँ। मैंने पढ़ना कभी बंद नहीं किया। मुझे लगता है, समाज सबसे अच्छा शिक्षक है। हम हर समय समाज से सीखते हैं। मैं एक दिन में पढ़कर यह सब नहीं सीख सकता था कि सी.ई.ओ. कैसे बनना है! मैंने स्वीकार किया कि मैं नहीं जानता कि कैसे बनना है? मैंने हर चीज को एक शिक्षक की

तरह देखा है। अपने विद्यार्थी पर विश्वास कीजिए, उन्हें प्रेरित कीजिए। कोई भी शिक्षक नहीं चाहता कि उसका विद्यार्थी चोर बने या कोई भी गलत काम करे, अगर शिक्षक अच्छे मन व हृदय का है तो विद्यार्थी उसे महसूस कर सकता है। आज कर्मचारी के तौर पर मेरे साथ बहुत से लोग काम करते हैं। मैंने उन्हें हमेशा अपनी तरह ही माना है, कभी कर्मचारी नहीं समझा।

आज सभी को शिक्षा की जरूरत है। शिक्षा भोजन की तरह है, जैसे जीने के लिए सबको खाना चाहिए, वैसे ही शिक्षा भी चाहिए। हमें देखना है, हम अपने बच्चों को कैसी शिक्षा दे रहे हैं? कैसा भोजन दे रहे हैं? अगर भोजन खराब है तो बच्चे बीमार पड़ेंगे। आज दो चीजें सबसे जरूरी हैं—पहला, सभी को शिक्षा का अधिकार हो। दूसरा, उनको सही चीज सीखने को मिले। स्कूल एक चिड़ियाघर की तरह होने चाहिए। वहाँ सभी तरह के जानवर हैं। मैंने अपनी कंपनी को एक फार्म के रूप में देखा है, जहाँ बहुत सारे चिकन और डक हैं। जहाँ आप जज नहीं कर सकते, आपकी चिकन कितने अंडे दे सकती है! सबके अंदर संभावनाओं का भंडार है।

जानवर तुरंत प्रतिक्रिया करते हैं। मशीनें इंटेलीजेंस से काम करती हैं, पर व्यक्ति के पास आजादी है। इस डिजिटल समय में हमें ध्यान से सोचना होगा कि हममें और मशीनों में क्या अंतर है? हमें ध्यान देना होगा, कहीं हम खुद को मशीनों में न बदल दें, क्योंकि मशीनों में और हममें बहुत सी समानताएँ हैं, अगर हम मशीनों की तरह सोचेंगे तो परेशानी होगी, अगर हर चीज के पीछे तर्क होगा तो हम बहुत बड़े खतरे में पड़ सकते हैं, अगर हम तर्क का इस्तेमाल करते हैं तो मशीनें हमसे बेहतर कर सकती हैं और हम तर्क का इस्तेमाल नहीं करते तो हम मशीनों से हमेशा अच्छा करेंगे, जब हम किसी से प्रेम करते हैं तो अधिकतर नहीं जान पाते कि क्यों? पर फिर भी करते हैं। वहाँ कोई तर्क

नहीं है, लेकिन जब हम नफरत करते हैं, वहाँ तर्क होता है। बुरी चीजों में हमेशा तर्क होता है, जो मशीनें कर सकती हैं। अच्छी चीजों में तर्क नहीं होता। मशीनें प्यार नहीं कर सकतीं, पर विध्वंस कर सकती हैं, अगर आप तर्क के साथ चलेंगे तो एक दिन मशीनों से बदल दिए जाएँगे, अगर हम क्रिएटिव हैं, सकारात्मक हैं, हमारे पास भावनाएँ हैं तो हम मशीनों से हमेशा अच्छा करेंगे। मशीनें बदलाव नहीं कर सकतीं और मनुष्य की तरह नया नहीं सीख सकतीं।

सौ बच्चों को एक शिक्षक पढ़ा सकता है, पर सौ बच्चे पढ़ने के एक सौ बीस तरीके निकाल सकते हैं। 20 प्रतिशत ज्यादा परिणाम मिलेंगे। स्कूल, शिक्षक और हमारे पढ़ाने के तरीके में सुधार की जरूरत है। अतीत में शिक्षक छात्र को ज्ञान देता था, लेकिन भविष्य में दोनों को साथ सीखने की आवश्यकता है। अतीत में बहुत सारे सवाल थे, जिनके जवाब हमेशा शिक्षक के पास थे, लेकिन भविष्य में ऐसे बहुत से सवाल होंगे, जिनके जवाब किसी के पास नहीं होंगे।

10. परोपकार

दुनिया में ज्यादातर लोग ज्यादा-से-ज्यादा दौलत और इज्जत कमाना चाहते हैं। दुनिया में शायद कोई भी ऐसा नहीं होगा, जो यह चाहता हो कि उसकी दौलत कम हो या उसकी इज्जत कम हो; लेकिन दुनिया में ऐसे बहुत से लोग होते हैं, जो दुनिया में आते हैं, अपने लक्ष्य को अंजाम देते हैं और उचित समय के बाद सबकुछ समाज के लिए छोड़ देते हैं और अपने साथ ले जाते हैं—यश व कीर्ति। कुछ ऐसे उदाहरण सिद्ध कर देते हैं कि हम सिर्फ समाज के लिए बने हैं। मानव एक सामाजिक प्राणी है। परोपकार मानव का सबसे बड़ा धर्म है।

जैक मा 'जैक मा फाउंडेशन' के संस्थापक हैं, जो एक परोपकारी संगठन है, जो शिक्षा, पर्यावरण और सार्वजनिक स्वास्थ्य को बेहतर बनाने के लिए समर्पित है।

वर्ष 2008 में 'अलीबाबा' ने सिचुआन भूकंप-पीड़ितों को 8,08,000 डॉलर की मदद दी। वर्ष 2009 में जैक मा नेचर कंजरवेंसी के चाइना प्रोग्राम के ट्रस्टी बन गए और 2010 में वे संगठन के वैश्विक निदेशक मंडल में शामिल हो गए।

वर्ष 2015 में 'अलीबाबा' ने एक गैर-लाभकारी संगठन 'अलीबाबा हांगकांग यंग एंटरप्रेन्योर फाउंडेशन' शुरू किया, जो हांगकांग के नए व छोटे व्यापारियों को उनका व्यवसाय बढ़ाने में मदद करता है। उसी वर्ष के दौरान कंपनी ने नेपाल में भूकंप में बरबाद हो गए 1,000 घरों के पुनर्निर्माण का वित्त-पोषण किया और 9,000 लोगों के लिए धन जुटाया।

वर्ष 2019 में जैक मा की 'नींव' ने 'नेटपोनूर' पहल शुरू की, जो प्रतिवर्ष दस अफ्रीकी उद्यमियों को 10 लाख डॉलर के दस पुरस्कार प्रदान करती है और तिब्बत में शिक्षा के विकास के लिए 14.6 मिलियन डॉलर का एक फंड लॉन्च किया।

वर्ष 2020 में जैक मा ने कोरोना वायरस जैसी महामारी से निपटने के लिए 1.4 करोड़ डॉलर दान किए हैं। जैक मा ने लगभग 58 लाख डॉलर की रकम दो रिसर्च संगठनों को दी है।

55 साल की उम्र में जैक मा रिटायरमेंट ले चुके हैं। 'अलीबाबा' की स्थापना से पहले वे एक स्कूल शिक्षक थे। उन्होंने निर्णय लिया है कि रिटायरमेंट के बाद वे दोबारा एक शिक्षक बनना पसंद करेंगे। शायद उनके जैसे बहुत से लोग हैं, जो दुनिया को उपहार के रूप में कुछ दे पाएँ!

11. जिंदादिल बनिए

ऐसा व्यक्ति, जो हमेशा प्रसन्न रहे, जिससे मिलकर आपको अच्छा लगे, आपको प्रसन्नता का अनुभव हो, वही जिंदादिल है। मौका था 'अलीबाबा' की वर्षगाँठ का। 2017 में माइकल जैक्सन के लिबास में एक व्यक्ति स्टेज पर उतरा और उसने लगभग 20,000 कर्मचारियों के सामने डांस किया। उसकी परफॉर्मेंस देखकर सभी को माइकल जैक्सन दोबारा याद आ गए। तालियों की गड़गड़ाहट गूँज रही थी, इसी बीच उसने अपना नकाब उतारा तो वह और कोई नहीं, 'अलीबाबा' के संस्थापक जैक मा थे।

□□□